Claude Dubois **L'Affaire des tableaux volés**

A Monsieur Maurice Mystery

Illustrated by George Armstrong

National Textbook Company
a division of *NTC Publishing Group* • Lincolnwood, Illinois USA

Published by National Textbook Company, a division of NTC Publishing Group.
© 1991, 1984, 1976 by NTC Publishing Group, 4255 West Touhy Avenue,
Lincolnwood (Chicago), Illinois 60646-1975 U.S.A.
All rights reserved. No part of this book may be reproduced, stored
in a retrieval system, or transmitted in any form or by any means,
electronics, mechanical, photocopying or otherwise, without
the prior permission of NTC Publishing Group.
Manufactured in the United States of America

1 2 3 4 5 6 7 8 9 TS 9 8 7 6 5 4

Table des matières

1. Une affaire exceptionnelle / 1
2. Au Musée d'Art moderne / 6
3. A-t-on poussé Monsieur Maurice? / 12
4. Une étrange valise / 18
5. Saint-Paul-de-Vence / 23
6. Empoisonné! / 29
7. Un suspect; une vedette / 34
8. La mer et ses dangers / 41
9. La comtesse de Vaulyeuse / 52
10. Une surprise; Anatole a chaud / 58
11. Les histoires de Paulot / 66
12. Où est Monsieur Maurice? / 71
13. Encore la comtesse / 76
14. Paulot passe à l'action / 83
15. L'attaque du château / 90
16. Oh! là! là! / 100
17. La comtesse est en fuite / 107
18. Une belle récompense / 115

Introduction

L'Affaire des tableaux volés is one of four mysteries featuring two of the most charming and bungling detectives of French fiction—M. Maurice and his constant companion, Anatole. Written especially for intermediate students of French, the M. Maurice mystery series is both a source of amusement and an ideal way for students of French to reinforce their reading skills and build their vocabulary.

Each book in the series captures a particular aspect of French or Canadian culture while engaging the reader in the comic antics of M. Maurice and Anatole and as they employ their unique skills in solving a variety of mysteries.

In *L'Affaire des tableaux volés,* the South of France and the Riviera provide a glamorous backdrop for the disappearance of some valuable paintings from a modern art museum.

Other books in the M. Maurice mystery series are *L'Affaire des trois coupables, L'Affair québécoise,* and *L'Affair du cadavre vivant.* Each one can be enjoyed independently and will motivate students to continue reading in French.

1 Une affaire exceptionnelle

LA SEINE COULE lentement et dessine des figures géométriques sous les ponts de pierre. Les rues sont vides: il fait chaud. Même les pigeons ne volent pas. Le soleil brille sur les toits de Paris et sur le crâne chauve du Commissaire de Police Tronc qui réfléchit en caressant sa grosse moustache blanche. Il a devant lui le dossier de l'Affaire...

"On" lui demande de trouver un inspecteur de valeur, discret et en qui il a confiance, capable de débrouiller° des situations délicates, quelqu'un d'exceptionnel en somme... "On" devrait savoir qu'un Commissaire ne fait pas de miracles, "on" devrait savoir qu'à Paris, au mois d'août, il ne reste que les malades, les gens qui ne peuvent pas s'offrir de vacances et quelques rares idiots qui travaillent... "Comme moi! pense le Commissaire, comme moi et ce sacré Maurice... Il n'est pas toujours très discret, Maurice, mais il est assez exceptionnel: c'est le plus mauvais caractère° du monde!... et c'est le seul inspecteur présent... Cette affaire le changera de la routine de tous les jours!"... Il regarde l'homme assis en face de lui. Avec ses cheveux gris et courts, son béret noir qu'il

débrouiller, to clear up

caractère, temperament

porte toujours, son gros nez, ses petits yeux, son ventre rond et son allure° d'ancien militaire, Monsieur Maurice fait sérieux, mais pas très "homme du monde"! et dans cette affaire il sera obligé de rencontrer des gens très bien,° très influents... "Tant pis! je n'ai que lui sous la main!"

allure, air

des gens très bien, cultivated people

Monsieur Maurice se demande pourquoi son chef l'a appelé. Il était dans son bureau et buvait une bière bien fraîche en se demandant: "Vais-je me laisser pousser la moustache ou non?" ce qui est important et très compliqué: il faut penser à la forme, à la longueur, au volume... Il faudrait, par exemple, la garder moins grosse que la moustache du Commissaire Tronc... et maintenant la bière est chaude... Tout à l'heure il devait venir tout de suite, c'était pressé, et maintenant le Commissaire le regarde sans rien dire depuis plusieurs minutes, comme s'il n'était pas là.

"Une nouvelle enquête, sans doute, pense Monsieur Maurice, mais pourquoi hésite-t-il?"

—Maurice! dit le Commissaire.

"Enfin! il s'est décidé!"

—Je vais vous donner un travail très délicat à faire. Vous aurez besoin de tact, de discrétion, de savoir-faire... du travail exceptionnel, quoi!

—De quoi s'agit-il?° demande Monsieur Maurice en souriant: il est content d'avoir été choisi!

De quoi s'agit-il? What's it (all) about?

—C'est une affaire internationale. Depuis quelques mois, les musées de toutes les grandes villes du monde, Londres, New-York, Chicago, par exemple, nous signalent la disparition de peintures, de tableaux de maîtres...

—Quel genre de peinture?

—Moderne, seulement des oeuvres modernes: des tableaux de Picasso, Matisse, Chagall, Miró, Duchamps...

—Je vois! dit Monsieur Maurice qui ne voit rien du tout car il ne connaît rien à la peinture.

—En France il n'y eut aucun vol jusqu'à hier.
—Hier?... mais je n'ai rien lu dans les journaux!
—Non, nous avons décidé de garder l'affaire secrète le plus longtemps possible. Hier on a volé deux peintures de Picasso, trois de Gauguin, une de Van Gogh, cinq de Chagall, deux de Miró et une de Cézanne au Musée d'Art moderne!...
—Quatorze tableaux!
—Oui... c'est terrible!
—Et comment s'est fait le vol?° *Comment s'est fait le vol?* How was the theft carried out?
—Toujours de la même manière, c'est ce qui fait penser qu'il s'agit de la même bande.° On ne trouve rien, pas une trace après le passage des voleurs, pas même une porte ouverte!... Cette fois, la seule différence, c'est qu'ils ont pris des peintres impressionistes comme Van Gogh... *bande*, gang

—Je vois! répète Monsieur Maurice qui ne voit toujours rien...
—Mais voici le dossier de cette affaire, il est à votre disposition. Allez voir le lieu du vol, essayez de trouver quelque chose. Souvenez-vous que les conservateurs° de musée ne sont pas des bandits, mais des gens polis et aimables: de la discrétion, Maurice, du tact et du savoir-faire!... Prenez Ampoulay avec vous, comme d'habitude, et bonne chance! *conservateur*, curator

—Merci, chef! Comptez sur moi. Cette histoire sera vite éclaircie et les voleurs arrêtés!
—Je l'espère!... Encore une chose: Il est possible qu'il y aura des vols chez des gens... Alors là, encore plus de tact, de discrétion et de savoir-faire!
—D'accord°, d'accord, ne vous en faites pas!°... *d'accord*, o.k.
Monsieur Maurice sort du bureau du Commissaire Tronc, qui caresse sa grosse moustache blanche et dit tout bas: *Ne vous... pas!* Don't get upset!

—Maurice, Ampoulay!... hum! pourvu que tout marche bien°!
Monsieur Maurice retourne à son bureau. Il est *Pourvu... bien!* meaning Let's hope everything goes smoothly!

content: finies les journées ennuyeuses, enfin du travail intéressant! Il ouvre la porte de son bureau et entend:

—Guili! guili!... fais le beau!°... hop! un sucre pour toi! gentil chien!... *faire le beau*, to sit up and beg (or show off)

Surpris, il regarde dans la pièce... personne!... Il appelle:

—Anatole?

—Oui, Patron! je suis là! répond Anatole Ampoulay, en sortant la tête de dessous le bureau.

—Que fais-tu là? demande Monsieur Maurice, sévère.

—Je... euh... c'est Germain!

—Encore ce chien! quelle bêtise a-t-il faite?

—Aucune, il ne fait jamais de bêtise!... Je le dresse° et je lui apprends à faire le beau. *Je le dresse*, I have him sit up

—C'est toi qui vas te faire beau: va mettre un costume plus propre et moins vieux que celui-ci, et peigne-toi. Nous allons au musée!

Germain, le petit pékinois d'Anatole, vient vers Monsieur Maurice en marchant debout sur ses pattes de derrière; il tire la langue et remue la queue, très content de lui... Monsieur Maurice ajoute:

—Et tu laisseras ce chien chez toi: les chiens ne sont pas autorisés dans les musées.

—Je ne peux pas le laisser seul toute la journée!

—Si!... tu dois comprendre que dans cette affaire il faut de la discrétion, du tact et du savoir-faire: pas de chien!

—Il est très bien élevé!

—Ça suffit!... Laisse-moi étudier ce dossier.

Monsieur Maurice se met les coudes sur le bureau, se prend la tête dans les mains et commence à lire attentivement.

Anatole, pour montrer qu'il n'est pas content, prend Germain dans ses bras et sort en claquant la porte.

—Il est jaloux! je suis sûr qu'il est jaloux! dit-il à son chien en lui caressant les oreilles...

Une affaire exceptionnelle 5

La journée finie, Monsieur Maurice prend le métro° pour rentrer chez lui. Evidemment, un train arrive alors qu'il est dans l'escalier et la porte automatique se ferme sur son nez: il faut attendre le suivant. Monsieur Maurice n'a pas de chance dans le métro, il lui arrive toujours quelque chose!° et il se demande ce qui va lui arriver aujourd'hui . . . La porte s'ouvre, on entre sur le quai. Le train arrive, on monte. La voiture est pleine de voyageurs, debout, serrés comme des sardines en boîtes. La sardine, pardon! la dame près de Monsieur Maurice a un joli chapeau, avec une jolie plume qui cherche à crever l'oeil° de l'inspecteur. Ça commence! . . . Dix minutes plus tard, quand il descend à la station "Montparnasse", il a encore ses deux yeux: un miracle!

Il marche jusque chez lui. Le soleil, presque couché, se cache derrière de petits nuages; il fait moins chaud. Monsieur Maurice habite rue de la Gaîté, lui qui est toujours de mauvaise humeur!° Il remarque, en passant devant le music-hall Bobino, que c'est Georges Brassens, le célèbre chanteur, qui est au programme.° Il n'aime pas Georges Brassens qui se moque des policiers dans ses chansons.

En passant devant la loge de sa concierge, madame Pinache, qui ne lui dit ni bonjour ni bonsoir parce qu'il ne répond jamais, Monsieur Maurice pense: "Cette histoire de vol de tableaux n'a pas l'air très compliquée: il suffit de trouver une trace ou deux . . . Les voleurs se font toujours prendre . . . Mais il y a un mystère pour moi: pourquoi les gens trouvent-ils ces tableaux modernes jolis?" . . .

le métro, subway

il lui . . . quelque chose, something always happens to him

crever l'oeil de, to put out the eye of

être de mauvaise humeur, to be in a bad mood

être au programme, to be on the play-bill

Répondez:
1. Quand est-ce que les Parisiens prennent leurs vacances?
2. M. Maurice est-il d'un caractère aimable?
3. L'affaire dont parle le commissaire Tronc, il s'agit de . . .
4. M. Maurice aime-t-il Germain?
5. M. Maurice n'a pas de chance dans le métro. Pourquoi? (Qu'est-ce qui se passe?)

2 Au Musée d'Art moderne

ANATOLE EST allé se consoler "Aux Bons Copains", son bar habituel, celui où il va un peu trop souvent!...
Il s'assoit à sa table, toujours la même, et il demande gentiment au garçon qui le connaît bien:

—Un beaujolais, s'il vous plaît, et un verre d'eau pour Germain. Anatole n'est pas content, pas content du tout: il ne veut pas laisser Germain à la maison, seul, pendant toute la journée. Il y a dix ans,° Germaine, sa femme, restait à la maison toute la journée, et elle est morte!... Rien n'a pu le consoler pendant des années, jusqu'à ce qu'on lui donne ce petit pékinois gentil et mignon. Il veut le garder avec lui; ils se comprennent si bien!... Ils commencent même à se ressembler, surtout quand Anatole ne se peigne pas et que Germain a les yeux rouges!...

Il y a dix ans... Ten years ago

—Vous n'avez pas l'air content, remarque le garçon, il y a quelque chose qui ne va pas?°

Il y a quelque chose qui ne va pas? Is something bothering you?

—Rien ne va!... Je travaille au mois d'août, au lieu° d'être en vacances, le travail est ennuyeux et mon patron n'aime pas mon chien!

au lieu de, instead of

Pour se consoler Anatole commande:
—Un autre beaujolais!...

* * *

Le lendemain matin, Anatole arrive au bureau avec un peu de retard et un gros mal de tête!
—Tu as dix minutes de retard! que faisais-tu? demande Monsieur Maurice avec sa bonne humeur habituelle.
—Je m'habillais, Patron!
—Laisse-moi te regarder... Hum! ce n'est pas trop mal, tu as fait un effort.
—Oh oui! dit Anatole, étranglé par sa cravate. Il a mis le costume qu'il portait à l'enterrement de Ger-

maine, tout noir, avec une chemise plus ou moins blanche et une cravate noire.

Il a un air funèbre.° Heureusement que ses chaussures sont jaunes: ça n'est pas de très bon goût, mais ça rend l'ensemble plus gai!... Il porte un gros sac.

avoir l'air funèbre, to look mournful

—Pourquoi as-tu ce sac? demande Monsieur Maurice.

—Euh... j'ai mes vieilles chaussures dedans, parce que celles que je porte me font mal aux pieds!

—Et?

—Et... euh... et aussi un vieux pantalon. Je ne veux pas salir celui-ci, et si nous devons faire des recherches...

—Et quelques bouteilles, non?

—Euh... non, enfin, une seule, Patron! répond Anatole en rougissant.

—Ah! ah! ah! j'en étais sûr!... Monsieur Maurice, très content de sa méchanceté, ouvre la porte:

—Allons-y!

Le Musée d'Art moderne n'est pas loin de la tour Eiffel, de l'autre côté de la Seine. C'est un bâtiment moderne et qui ressemble un peu au Palais de Chaillot. Avec le métro, il faut environ vingt minutes pour y aller en partant de la Préfecture, et pour Monsieur Maurice, vingt minutes de métro, c'est long!

C'est incroyable, mais à cette heure de la matinée il y a peu de monde° et rien ne lui arrive!... Anatole n'a pas l'air d'être très à son aise... Est-ce son costume qui le gêne? ou sa cravate?... Il tient son sac avec précaution; il évite de le cogner.° Est-ce pour ne pas casser sa bouteille?...

peu de monde, peu de gens

éviter de le cogner, to avoid banging it (against something)

Le directeur du musée, le Conservateur, est prévenu de leur arrivée, et il les reçoit immédiatement. De la fenêtre de son bureau on voit la pointe de la Tour Eiffel au-dessus des arbres, de l'autre côté de la Seine où passe une péniche.° A droite on voit les jardins du Trocadéro avec leurs fontaines. La vue est splendide.

péniche, barge

Le Conservateur est un petit monsieur rond, avec de

grosses lunettes sur le nez. Il sourit :

—Je suis content de vous voir, dit-il. C'est une vraie catastrophe : quatorze tableaux, quatorze chefs-d'oeuvre !... C'est une grande perte pour l'Art et pour l'Humanité !... je compte sur vous pour retrouver ces oeuvres le plus vite possible, et surtout, en bon état !°...

en bot état, en bonne condition

—Nous verrons ! dit Monsieur Maurice, montrez-nous les lieux du vol. Le petit Conservateur les conduit à travers des pièces biens éclairées où il y a des peintures magnifiques. Monsieur Maurice les regarde d'un air dégoûté et demande au Conservateur :

—Vous n'avez jamais de cauchemars ?°

cauchemar, nightmare

—En ce moment, oui : chaque nuit je rêve qu'on vole le reste de mes tableaux !...

—Ce n'est pas ce que je veux dire, murmure Monsieur Maurice.

—Les tableaux n'étaient pas tous ensemble, explique le Conservateur, ils étaient dans sept salles différentes.

—Et les voleurs ont tout pris dans chaque salle ? demande Anatole.

—Non ! comme vous pouvez le voir, nous avons plus de deux tableaux dans chaque salle !

—Donc les bandits ont choisi ce qu'ils prenaient... remarque Anatole, toujours étranglé par sa cravate.

—C'est ça ! s'écrie le Conservateur, ils ont choisi ! je n'y avais pas pensé... C'est très intéressant !

—Beuh ! dit Monsieur Maurice, qui aurait voulu y penser le premier !

Anatole aime bien tous ces tableaux, les Gauguin, les Cézanne, les Van Gogh, les Miró, les Klee, les Dali, les Matisse... Mais il ne le dit pas, sinon Monsieur Maurice va se mettre en colère.°

va se mettre en colère, va se fâcher

—Voici la première salle, dit le Conservateur. Trois oeuvres de Gauguin, les plus belles de ma collection !... Il a des sanglots dans la voix. Sur le mur on voit les carrés blancs où étaient les tableaux.

—Et votre système d'alarme n'a pas fonctionné? demande Monsieur Maurice.
—Non, pourtant il est intact!
—Je ne comprends pas, murmure Monsieur Maurice si bas que personne ne l'entend.
Soudain le Conservateur dit:
—Chut!... vous avez entendu?
—Non, quoi?
—J'ai entendu des gémissements, comme un enfant qui pleure...
—Je n'entends rien! et toi, Anatole?
—Ecoutez! dit le Conservateur.

En effet, on entend des gémissements. Ils semblent venir de très loin et, en même temps, être très près! étrange!...

—Avez-vous un placard° près d'ici? demande Monsieur Maurice, pendant qu'Anatole devient tout rouge.   *placard*, cupboard
—Il y en a un dans l'autre pièce.
—Allons voir, décide Monsieur Maurice. Il y a peut-être quelqu'un d'enfermé dedans.
—Mon Dieu! quelle histoire!... Mon Dieu! quelle histoire! répète le petit Conservateur en leur montrant le chemin. Vous entendez, ça recommence!

Les gémissements reprennent,° toujours aussi éloignés   *reprendre*, recommencer
et aussi proches!...

—Voilà le placard. Il sert pour ranger les balais, les aspirateurs, le matériel de nettoyage...

Les trois hommes sont devant la porte du placard. Qui aura le courage de l'ouvrir?... Pas le Conservateur: il se cache derrière les deux policiers!... Pas Monsieur Maurice: un chef commande, il n'agit pas!... Anatole? Anatole a un visage étrange depuis quelques minutes, depuis qu'on entend les gémissements...

Monsieur Maurice se tourne vers lui avec un sourire:
—Vas-y, Anatole! je protège l'arrière... En disant cela ses yeux se baissent vers le sac qu'Anatole tient

10 L'Affaire des Tableaux Volés

Ouah! ouah! dit Germain: "Je suis bien content d'être sorti de ce sac!"

Au Musée d'Art moderne 11

toujours . . . Dis donc!° fais attention: ta bouteille est cassée!

Le sac d'Anatole est tout mouillé . . .

—Mes tapis! vous allez salir mes tapis! dit le Conservateur. On dirait qu'Anatole va exploser tellement sa figure° est rouge!

—Je reviens! . . . je, je reviens tout de suite! dit-il en se dirigeant vers la porte pendant qu'on entend un gémissement qui vient . . . du sac!

—Une minute! s'écrie Monsieur Maurice et Anatole s'arrête. Ouvre ce sac!

Anatole pose le sac, respire profondément, ferme les yeux et ouvre son sac . . . Une petite tête poilue sort et dit:

—Ouah! ouah! . . . Germain veut dire "bonjour" et "je suis bien content de sortir de ce sac!" . . .

—Oh! le gentil petit chien! dit le Conservateur qui aime les bêtes.

—Anatole! hurle Monsieur Maurice, je t'ai interdit de prendre ce sale chien avec toi!

Trois gardiens du musée viennent en courant voir ce qui se passe.°

—Ce n'est rien, dit le Conservateur, c'est ce petit chien qui s'ennuyait dans son sac!

—Mais Monsieur, dit le plus vieux des gardiens, les chiens sont interdits!

—C'est vrai! . . . Venez dans mon bureau, le chien a le droit d'y être, et ici, il n'y a plus rien à voir!°

Anatole va nettoyer son chien et son sac, puis il revient dans le bureau du Conservateur qui parle à Monsieur Maurice:

—Aucun système d'alarme n'a fonctionné. Ni ceux des portes, ni ceux des tableaux. Et pourtant ils ne sont pas en panne!° . . . Les veilleurs° de nuit n'ont rien vu: à minuit les tableaux étaient là, à trois heures ils avaient disparu! . . . C'est tout ce que je sais.

Monsieur Maurice bouge la tête: il est si en colère

Dis donc! Look out!

figure, visage

ce qui se passe, ce qui arrive

il n'y a plus rien à voir, there's nothing more to see

être en panne, ne pas fonctionner (to be broken down)
veilleur, gardien de nuit

avec Anatole qu'il peut à peine parler! Il demande enfin:

—Pensez-vous que les voleurs reviendront, ici ou dans un autre musée?

—Ici, je ne pense pas: les gardiens sont doublés°. Dans d'autres musées...

doubler, avoir 10 gardiens au lieu de 5, 20 au lieu de 10...

—Oui, au Louvre par exemple...

—Je ne crois pas... Si ce sont les mêmes qui font tous ces vols, ils n'ont volé que des tableaux modernes, et au Louvre il n'y en a pas... Non, je ne vois pas de musée qui les intéresse à Paris...

—Merci beaucoup, Monsieur le Conservateur, nous allons vous laisser tranquille maintenant. J'espère que les bandits ne reviendront plus ici avant que je les arrête! dit Monsieur Maurice en se levant. Vous venez, Monsieur Ampoulay?

"Oh! là là! pense Anatole, il ne m'a jamais appelé comme ça depuis quinze ans que nous travaillons ensemble!..."

Corrigez:

1. Anatole a l'air très gai, avec son costume jaune et ses chaussures noires.
2. M. Maurice regarde les tableaux modernes avec un air de plaisir.
3. Les gémissements que l'on entend viennent du placard.
4. Dans son sac, Anatole a mis une bouteille, ses vieilles chaussures, et un vieux pantalon.
5. Les voleurs iront au Louvre, car il y a des tableaux modernes dedans.

3 *A-t-on poussé Monsieur Maurice?*

MONSIEUR MAURICE n'a pas fini d'ouvrir la porte du bureau que° le Commissaire Tronc lui demande:

que, quand

—Avez-vous lu les journaux?

—Je ne lis jamais les journaux, Chef, parce que...

—Ça m'est égal°! Lisez-ça, c'est intéressant! et le Commissaire lui donne plusieurs journaux.

Ça m'est égal, that doesn't matter to me

—Tout ça? s'inquiète Monsieur Maurice.
—Regardez les grands titres, ça suffira.
L'inspecteur prend un journal, un autre, encore un autre ... Pour une fois, ils disent tous la même chose!
    LA FONDATION MAEGHT DÉVALISÉE!°   *dévaliser*, to rob
    TRENTE CHEFS-D'OEUVRE DISPARUS! ...
—Qu'en pensez-vous? demande le Commissaire Tronc en caressant sa grosse moustache blanche.
—Ils vont vite: deux musées en deux jours! ... Ils feront bientôt la sottise° qui me permettra de les arrêter ...   *sottise*, erreur stupide
—Je l'espère. Prévenez Ampoulay, vous partez immédiatement pour la Fondation Maeght.
—Bon ... Euh ... Où est-elle, cette fondation? demande Monsieur Maurice en ouvrant la porte pour sortir.
—A Saint-Paul-de-Vence.
—Hein? Je croyais que c'était à Paris!
—C'est la Galerie Maeght qui est à Paris. La Fondation est dans le Midi, près de Nice.
Ah! dit Monsieur Maurice.
—Vous n'avez pas l'air d'être content! ... Vous allez sur la Côte d'Azur, à Nice où tout le monde rêve d'aller, et vous n'êtes pas content!
—Si, Chef, je suis content ... C'est la surprise! ... Monsieur Maurice ne peut pas dire au Commissaire qu'il pense à toutes les heures qu'il va passer dans le train! ... et le train, c'est comme le métro, tout le monde sait ça ...
Anatole est très content, au contraire. Nice, c'est son rêve! Peut-être pourra-t-il apercevoir son actrice préférée, Béatrice Bridois, que ses admirateurs appellent B.B. ..
—Quand partons-nous? demande-t-il en se frottant les mains.
—Tout de suite! va faire ta valise et reviens ici ...   *la gare de Lyon,*
A la gare de Lyon°, Monsieur Maurice est très en   railway station in east central Paris

colère, mais Anatole ne l'écoute pas. Il met Germain dans une petite caisse et il porte la caisse dans le wagon réservé aux chiens. Il lui dit des choses gentilles puis il rejoint Monsieur Maurice qui attend au milieu du quai, solitaire et furieux . . .

Il n'y a pas beaucoup de monde et ils trouvent un compartiment où ils sont seuls. Ça, c'est une chance !

—Je le savais ! dit Anatole, tout le monde est parti ou déjà revenu à cette époque.

Ils s'installent confortablement. Pour une fois Monsieur Maurice a acheté des journaux et lit les dernières nouvelles sur le vol. Anatole, assis près de la fenêtre, a un journal qui parle de la vie des vedettes° de cinéma : il veut savoir si B.B. est à Nice en ce moment.

vedette, star

—Vous comprenez, Patron, Germaine ne l'aimait pas, mais je crois qu'elle était jalouse ! elle ne serait pas contente si elle savait que je vais la voir ! . . .

—Voir qui ?

—B.B. ! . . . Béatrice Bridois ! elle est à sa villa de Nice en ce moment, je viens de le lire° ! . . .

venir de le lire, to have just read . . .

—Ecoute-moi, Anatole : nous allons là-bas pour arrêter une bande de voleurs de tableaux, pas pour demander un autographe à une actrice ! . . . Mais qu'as-tu dans cette bouteille-thermos ?

—Du café, rien que du café ! affirme Anatole en rougissant.

Le haut-parleur° de la gare annonce :

le haut-parleur, loud-speaker

—MESSIEURS LES VOYAGEURS À DESTINATION DE DIJON, LYON, AVIGNON, MARSEILLE, TOULON, SAINT-RAPHAËL, CANNES, NICE ET L'ITALIE . . . EN VOITURE, S'IL VOUS PLAÎT ! . . . FERMEZ LES PORTIÈRES° ! . . . ATTENTION AU DÉPART ! . . .

—Je crois que nous serons tranquilles au moins jusqu'à Dijon, dit Monsieur Maurice.

Anatole ne répond pas : il est endormi, avec un grand sourire sur les lèvres ! à quoi rêve-t-il ? . . . On entend clac ! clac ! ce sont les portières qui se ferment. Le train commence à bouger ... Soudain la porte du compartiment s'ouvre et un gros homme, rouge et joyeux entre, s'assoit en face de Monsieur Maurice, enlève son chapeau, s'essuie le front avec un mouchoir et dit avec un très fort accent provençal:

—Eh bé!° j'ai eu de la chance! je l'ai presque raté, tè!°

eh bé! eh bien!
tè! tiens!

Anatole se réveille un peu et Monsieur Maurice se cache derrière son journal pour ne pas montrer sa rage: on n'est jamais tranquille! jamais! jamais! jamais! ...

—Mon nom, c'est Marius Lagarde, je suis de Marseille ...

Monsieur Maurice lit son journal, et Anatole sourit, pas tout à fait réveillé. Marius Lagarde aime parler: c'est un bavard. Qu'on l'écoute ou non, ça n'a pas d'importance!

—Je suis monté à Paris pour une petite semaine ... Les affaires, quoi! Dans la journée, le bureau, les usines, les discussions. Le soir, les restaurants, les boîtes de nuit ... eh! eh! je n'ai pas beaucoup dormi!

Monsieur Maurice lit son journal, Anatole rêve et sourit, Marius Lagarde parle ...

Après deux heures, Monsieur Maurice ne peut plus rester: il se lève et va au wagon-bar, boire une bière fraîche!

—Eh bé! il n'est pas bavard votre ami! dit Marius Lagarde à Anatole.

—Non, pas très! répond Anatole qui voudrait pouvoir rêver à son aise! Lorsque Monsieur Maurice revient, Marius, pour le faire sourire, raconte des histoires drôles que l'inspecteur trouve toutes idiotes:

—Vous savez que mon père est un grand sculpteur!

—Ah oui? répond poliment Anatole pendant que Monsieur Maurice hausse les épaules.°

hausser les épaules, to shrug

—Oui. Vous connaissez son oeuvre ... Vous savez, la célèbre statue de la Sainte Vierge qu'on voit à Marseille, en haut d'une petite colline ...

—Mais c'est...
—Oui! c'est elle! Notre-Dame de...
—Notre-Dame de la Garde!
—C'est ça: Notre-Dame de Lagarde!... Ah! ah! ah! elle est bonne, non?
—Pfuu! fait Monsieur Maurice derrière son journal.
Les heures passent. Ils seront bientôt à Marseille.
—Je serais enfin débarrassé de° ce type! murmure Monsieur Maurice. C'est une vraie calamité!...

être débarrassé de, to be rid of

La nuit est tombée, mais le ciel est encore rouge à l'ouest. Anatole écoute Marius Lagarde qui raconte ses souvenirs de l'armée!
—Je vais me laver les mains, dit Monsieur Maurice, et il sort pendant que Marius continue:
—Alors le colonel me dit: soldat Lagarde...
"Je n'ai jamais vu un individu aussi ennuyeux et embêtant que celui-là!" pense l'inspecteur en se dirigeant vers une extrémité de la voiture. Le couloir est désert et les compartiments vides.
"Les autres voyageurs sont descendus à Dijon ou à Lyon... c'est quand même rare d'être seul dans un wagon au mois d'août!... Ah! il n'y a pas de lumière dans ce coin!"...
Monsieur Maurice entre dans le compartiment-toilette. Il se lave les mains, lentement car il n'est pas pressé d'entendre d'autres histoires drôles!... Quand ses mains sont bien sèches, il ouvre la porte en pensant: "dans vingt minutes nous serons à Marseille: enfin tranquilles!"... Aveuglé par la lumière du compartiment-toilette, Monsieur Maurice ne voit rien quand il entre dans le couloir qui n'est pas éclairé. Soudain la porte qui donne sur l'extérieur s'ouvre. Il y a un grand bruit et un grand courant d'air. Aspiré° par l'air (ou poussé par quelqu'un) Monsieur Maurice tombe en avant. Il se cogne contre le bord de la porte, il s'accroche° à la poignée extérieure et ses pieds s'envolent.° Il tient fort, croyez-moi!... La portière se

aspiré, sucked in

s'accrocher, to cling
s'envoler, to fly out from under him

referme. Voilà Monsieur Maurice dans la nuit, pendu à la poignée de la porte. S'il lâche, c'est fini. Ses pieds essayent d'accrocher les marches, mais avec la vitesse et les mouvements du train, c'est difficile . . . Ses mains se fatiguent. Il a mal. Il va lâcher. Encore un effort! hop! il met le pied sur une marche; en se tordant° le dos il peut se mettre debout. Ouf! ça va mieux!

en se tordant, by twisting

Il ouvre la porte et entre dans le wagon. Sauvé! . . . Tiens! tiens! la porte s'ouvre vers l'intérieur, donc elle ne s'est pas ouverte toute seule!. . . étrange . . . Et cette sensation d'avoir été poussé, est-ce un rêve? Tout s'est passé si vite! . . .

Monsieur Maurice frissonne en pensant qu'il devrait être mort maintenant: "Je vais faire attention!"

Il retourne dans son compartiment. Marius ne parle pas . . . parce qu'il allume une cigarette, puis il dit:

—Alors le capitaine me dit: "soldat Lagarde . . ."

—Anatole! donne-moi un peu de café! demande l'inspecteur.

—Café? quel café? demande Anatole qui avait très soif pendant tout le voyage et qui a du mal° à parler . . .

avoir du mal, avoir de la peine (de la difficulté)

—Celui qui est dans la bouteille-thermos!

Monsieur Maurice boit une longue gorgée de "café".

—C'est ça que tu appelles du beaujolais? demande-t-il en faisant la grimace, brr! que c'est mauvais! . . . mais ça remonte le moral!° . . . Anatole veut expliquer que son beaujolais est mauvais parce que c'est du café, mais il se souvient qu'il n'a pas mis de café dans cette bouteille mais du vin! pourquoi son patron a-t-il parlé de café? c'est bizarre . . . Et Anatole s'endort quand le train ralentit, puis s'arrête.

remonter le moral, to cheer up, renew strength

—MARSEILLE! MARSEILLE! DIX MINUTES D'ARRÊT! . . . BUFFET!

Complétez:

1. Il faut partir pour la Fondation Maeght parce qu'elle . . .
2. M. Maurice n'est pas content d'aller sur la Côte d'Azur, car . . .
3. Dans le train, il veut être seul et tranquille, mais c'est impossible, car Marius Lagarde est . . .
4. Anatole rêve de . . .
5. M. Maurice pense que son "accident" n'était pas un vrai accident parce que la porte . . .

4 *Une étrange valise*

MONSIEUR MAURICE ne voulait pas, mais qui peut résister à Marius Lagarde quand il a décidé quelque chose? Personne: ils sont au buffet de la gare Saint-Charles de Marseille, où Marius offre un verre à ses "amis". Toutes les deux minutes Monsieur Maurice dit:

—Il faut partir. Nous allons rater le train. Allez! il faut partir.

—Mais non, dit Marius, vous avez encore cinq minutes.

Enfin le haut-parleur annonçant le départ les délivre. Marius ne finit pas de dire au revoir et ils doivent courir pour attraper le train; et Monsieur Maurice déteste courir après avoir bu une bière. Ça le rend malade.

Dans leur compartiment, enfin seul, il s'assoit et soupire:

—Maudit Marseillais! On ne devrait pas laisser des gens pareils en liberté!

—Il est gentil! proteste Anatole, qui parle de plus en plus difficilement; il parle beaucoup mais il est gentil.

Monsieur Maurice préfère ne rien dire. Il va acheter deux casse-croûtes au jambon.° Il marche le long de trois wagons avant d'arriver au wagon-restaurant.

° *casse-croûte au jambon,* ham sandwich

Quand il revient, il voit, juste devant la porte de son compartiment, un garçon du bar qui vend... des casse-croûtes au jambon. Tout ce chemin pour rien!

Ils mangent sans rien dire pendant que le train continue son chemin dans la nuit. Puis Anatole s'endort et Monsieur Maurice peut enfin lire ses journaux en paix. Quel plaisir!... Le train s'arrête souvent et ce n'est que très tard dans la nuit qu'ils arrivent à Nice.

—Debout Anatole, nous sommes arrivés!

Mais Anatole dort. Il fait de beaux rêves. Il ne veut pas se réveiller.

—Anatole! Réveille-toi, nom d'un chien! Le train va repartir.

Anatole ouvre un oeil, très lentement...

—Hein?

Alors Monsieur Maurice s'énerve. Il prend Anatole par le bras, il le porte, il le pousse, il le tire, il le jette et le pose sur le quai. Germain n'aime pas les voyages. Il pense que les trains ne sont pas faits pour les chiens. Il dormait aussi, mais quand son maître vient le chercher et le sort de sa caisse, il se réveille et le suit.

Sur le quai, Anatole, qui n'a toujours qu'un oeil d'ouvert, voit un banc. Il va s'asseoir et se rendort, la conscience tranquille, Monsieur Maurice descend les valises. Il souffle, il est rouge. La colère ou la fatigue?

La gare est déserte. L'inspecteur regarde sa montre. Trois heures du matin. Il laisse les valises près du banc où dort Anatole et sort de la gare sans voir personne. Tout de suite, de l'autre côté d'une place ronde, il voit un hôtel: "Hôtel de la Gare". Il entre. Il réveille le veilleur de nuit et demande deux chambres. Le veilleur grogne et répond en se grattant les cheveux:

—Ce n'est pas une heure pour réveiller les gens!

—Vous êtes veilleur de nuit, ce n'est pas pour dormir.

—Ça va, ça va. Vous resterez longtemps?

—Non. La journée.

—Vous savez, au mois d'août, des chambres, il n'y

en a pas beaucoup, dit le veilleur en cherchant dans son grand livre. Ah si! en voilà une, avec un lit à deux places°... C'est tout ce qui reste. Ça ira?

un lit à deux places, double bed

—... Ça ira, répond Monsieur Maurice après un peu d'hésitation. Pour une nuit!... Je vais chercher mon compagnon et je reviens.

Monsieur Maurice retourne à la gare. Il va vers le banc, mais... où est Anatole? Il est parti en laissant les valises? Ça alors!

Il regarde autour de lui et ne voit que la gare, sombre et silencieuse. Puis il remarque de la lumière derrière une porte. Il s'approche. Et voici Anatole, couché très confortablement dans un fauteuil de la salle d'attente de première classe. Monsieur Maurice le réveille sans douceur. En route pour l'hôtel.

Dans la chambre, Anatole se couche, tout habillé et s'endort aussitôt en ronflant.

—C'est gai! dit Monsieur Maurice, tu ronfles!

Quand il se couche, Germain, qui attendait cet instant pour dormir tranquille, saute sur le lit et se couche près d'Anatole. Sa queue va chatouiller le nez de Monsieur Maurice qui est si fatigué qu'il s'endort malgré tout, sans rien dire. Il ronfle plus fort qu'Anatole!

* * *

Ils se lèvent à midi parce que Germain, réveillé depuis longtemps, bouge beaucoup.

—Où sommes-nous? demande Anatole.

—A Nice, à l'Hôtel de la Gare, et je parie que tu as mal à la tête.

—Oh oui!! Comment avez-vous deviné?...

L'autobus à destination de Saint-Paul-de-Vence part de la gare, à trois heures. Ils ont le temps d'aller déjeuner. Les rues sont pleines de monde, tous les gens ont la peau bronzée° et chacun s'habille comme il a envie, ce qui fait parfois d'amusants spectacles. Anatole a mis une chemise à col ouvert et il garde sa veste sur le

avoir la peau bronzée, to be tanned

bras, mais Monsieur Maurice est habillé comme d'habitude, veste, cravate et béret. Quand on travaille, on travaille.

Il y a tant de monde qu'ils ne trouvent pas de place dans un restaurant. Ils mangent une pizza, debout sur le trottoir. Puis ils vont voir la mer. La plage est pleine de gens et on ne voit pas les galets.

—Les gens sont vraiment bêtes, remarque Monsieur Maurice. A Paris, c'est comme ça toute l'année, la foule, le bruit, etc. Et tout le monde part en vacances au même moment pour retrouver la même chose ici: la foule et le bruit!

—Et en septembre, il n'y aura plus personne, ajoute Anatole, qui surveille Germain.

—Retournons à la gare, l'autobus va bientôt partir . . . Je boirais volontiers une bière, pfuuii! quelle chaleur!

—Oui, ça donne soif, dit Anatole pendant que Germain, qui rencontre beaucoup d'amis, tire la langue.

—Quelle jeunesse! dit Monsieur Maurice, ils ont une manière de s'habiller! ce ne sont pas des mini-jupes que les filles portent, mais des ceintures larges!

Sur la place de la gare, le chauffeur de l'autobus commence à mettre les bagages sur le toit du véhicule. Les deux policiers payent l'hôtel et portent leurs valises. Le chauffeur les prend. Il fait chaud; l'ombre des arbres est toute petite. Les autres voyageurs sont sur le trottoir, ils cherchent l'ombre, car à l'intérieur de l'autobus la chaleur est terrible. Monsieur Maurice lève la tête et demande au chauffeur:

—Savez-vous où je pourrais trouver de la bière fraîche près d'ici?

Le chauffeur qui soulève une lourde valise se retourne en disant:

—De la bière fraîche?

Crac! La lourde valise tombe . . . Monsieur Maurice

saute en arrière... Boum! la valise s'écrase° à quelques *s'écrase*, smashes down
centimètres de lui. S'il n'avait pas regardé en l'air à
ce moment-là, il serait mort écrasé!...

—Ça alors! dit le chauffeur, les yeux ronds. Venez avec moi. Je vais vous montrer où il y a de la bière, et je vais en boire, moi aussi! Ça alors!

—Attendez, montrez-moi cette poignée, demande Monsieur Maurice pendant qu'Anatole examine les restes de la valise.

La poignée est coupée, nettement coupée, comme avec un rasoir...

—Regardez, Patron! s'exclame Anatole, il n'y a que des pierres dans cette valise!

—Ça alors! répète le chauffeur, ça alors; quel est le fada° qui me fait porter des pierres par cette chaleur? *fada*, provençal pour "fou"

Il regarde le reste des voyageurs avec un oeil noir.° *avec un oeil noir*, with a dark (suspecting) look
Tout le monde parle à la fois.° Cette histoire est *à la fois*, ensemble au même moment
intéressante.

—Ne cherchez pas, dit Monsieur Maurice, il est parti depuis longtemps! Allons boire cette bière.

—Et vite, sinon nous serons en retard, ajoute le chauffeur.

Maintenant, Monsieur Maurice est sûr que quelqu'un l'a poussé hors du train. Qui? La même personne qui a mis des pierres dans une valise et qui a coupé la poignée pour qu'elle tombe. La même qui visite si souvent les musées...

—Cette enquête va être intéressante, murmure Monsieur Maurice en s'asseyant au fond de l'autobus.

Ils roulent dans la campagne le long d'une route en zigzags. Tantôt ils roulent sur une colline, tantôt ils roulent dans une petite vallée. Chaque fois la colline est un peu plus haute que la précédente et on voit de plus en plus la mer. La vue est magnifique. La route monte toujours. Là-haut sur la colline, on aperçoit les toits d'un petit village. Il ressemble à un château perché en haut des rochers pour se défendre contre les bandits. Saint-Paul-de-Vence.

Répondez:

1. Qui trouve une chambre d'hôtel?
2. M. Maurice s'habille-t-il comme tous les autres touristes?
3. Pourquoi est-ce que M. Maurice trouve les gens à Nice bêtes?
4. Avant le départ de l'autobus qu'est-ce qui arrive?
5. Comment savez-vous que ce n'était pas un accident? (Donnez 2 raisons.)

5 *Saint-Paul-de-Vence*

DANS LE VILLAGE, les rues sont étroites et l'autobus a du mal à rouler sans accrocher les maisons! Enfin, il s'arrête sur une place plus grande que les autres, le coeur du village. D'un côté, il y a un bar qui s'appelle: "Le Grand Café, P.M.U". C'est là que les gens vont parier sur les courses de chevaux. C'est un sport très populaire en France. De l'autre côté, il y a une sorte d'hôtel-restaurant dont le nom est familier à Monsieur Maurice. "La Colombe d'Or." C'est une très vieille maison, avec des sculptures sur les portes et les fenêtres. Devant la porte, quelques colombes blanches (des vraies!) mangent des grains.

—"La Colombe d'Or", dit Monsieur Maurice, ça ne te rappelle rien, Anatole?

—Bien sûr que si,° patron: c'est là qu'il y a eu un grand vol de tableaux en 1960.

—C'est ça! . . . Eh bien, on dirait que c'est une habitude du pays!° . . .

. . .Saint-Paul-de-Vence, Anatole est à Saint-Paul-de-Vence! Dans le même village que B.B. C'est difficile à croire! Peut-être qu'il va la croiser dans la rue? . . .

—Bon, allons à la gendarmerie, dit Monsieur Maurice qui se moque de B.B.

La gendarmerie est une toute petite maison à un étage, aux murs peints en rose et avec des fleurs rouges sur le bord des fenêtres. Monsieur Maurice se fait reconnaître:°

Bien sûr que si, Of course (it does)

une habitude du pays, a local tradition

se fait reconnaître, s'identifie

—Inspecteur Maurice, de Paris.
—Oui, nous sommes au courant.° Vous venez pour l'affaire? répond un brigadier avec l'accent de Marseille. Il a presque la même voix que Marius Lagarde et Monsieur Maurice a un frisson.

nous sommes au courant, we've been briefed

—Pour l'affaire, oui. Nous aurons besoin d'une voiture pour nos déplacements,° et d'un gendarme pour nous guider.

déplacements, going, travelling about

—Bon, bon. Il n'y a pas de problème. J'ai la jeep devant la porte, et votre guide, ce sera moi.
—Votre chef n'est pas là?
—Le chef? C'est moi. Le gendarme, c'est moi. Le chauffeur, si vous en avez besoin, c'est encore moi! Je suis la gendarmerie de Saint-Paul au complet!°

au complet, all rolled into one

—Vous avez de la chance, dit Anatole, pas de supérieur pour vous em . . .
—Pour vous quoi? . . . demande Monsieur Maurice.
—Pour rien, Patron, je disais n'importe quoi!°

dire n'importe quoi, to talk off the top of one's head

—Comme d'habitude. Je crois que tu sais conduire, n'est-ce pas?
—Oui, j'ai appris!
—Tu me serviras donc de° chauffeur. Nous allons à ce musée.

de, comme

—Tout de suite? demande Anatole qui aimerait se promener un peu.
—Tout de suite.

Ils prennent la jeep verte du gendarme, et en route! . . . Anatole ne roule pas vite, car il n'a pas l'habitude de conduire. La route est en zigzags. Ils sortent du village et roulent au milieu de la campagne. L'air sent merveilleusement bon. On entend le chant des cigales malgré le moteur.

—Quel beau pays! dit Anatole.
—Regarde où tu vas! répond Monsieur Maurice qui n'a pas confiance dans son chauffeur.

Au loin, vers Nice, une lourde fumée noire flotte au-dessus des bois. C'est la forêt qui brûle, comme chaque année. Il n'y aura bientôt plus d'arbres.

Sur le siège arrière, Germain s'amuse comme un petit fou. Il saute, il tourne en rond, il aboie, il énerve Monsieur Maurice qui murmure:

—Si seulement on l'avait oublié dans le train, celui-là!

Bientôt une pancarte° leur apprend qu'ils arrivent à la Fondation Maeght.

une pancarte, road sign

* * *

Il y a quelques années, Monsieur Maeght, qui dirige une galerie de peinture à Paris, avait ici une belle maison entourée de pins. Un jour, il trouva, au milieu des broussailles, les ruines d'une petite chapelle. Il décida de la reconstruire. Des amis, comme les grands peintres Georges Braque et Fernand Léger, l'aidèrent à la décorer. Alors Monsieur Maeght eut l'idée de faire un musée pour conserver ses collections de peintures, de sculptures, de livres et d'automobiles.

* * *

Monsieur Maeght a été prévenu par les gendarmes de Vence, et il attend Monsieur Maurice et Anatole à la porte. C'est un monsieur très élégant, poli, souriant. Il a de très beaux cheveux blancs. Monsieur Maurice est si intimidé qu'il enlève son béret!

Pendant qu'ils marchent dans le parc, au milieu des pins et des sculptures de Miró, de Calder, de Giacometti, l'inspecteur de police demande à Monsieur Maeght:

—Racontez-moi le vol, s'il vous plaît.

—C'est simple, hélas! L'autre matin, en ouvrant le musée, il manquait trente tableaux;° trente tableaux volés, c'est incroyable!...

il manquait trente tableaux, 30 pictures were missing

—Savez-vous comment les bandits ont fait?

—Ils connaissaient très bien le musée, car ils n'ont pas mis longtemps pour° prendre les tableaux; et c'est quelqu'un qui a ouvert les portes de l'intérieur.

mettre longtemps pour, to take a long time to

—Comment ça?

—Aucune serrure cassée, aucune trace de fracture... D'ailleurs, j'ai des soupçons sur l'identité de la personne qui a ouvert les portes.

—Ah oui?

—Je ne sais rien de certain, et je peux me tromper complètement, mais un de mes employés a disparu la nuit du vol. En tous cas,° il n'est jamais revenu.

en tous cas, anyway, at any rate

—Son nom?

—Jean Duchêne. J'ai une photo de lui dans mon bureau.

—C'est intéressant.

Monsieur Maeght conduit les deux policiers dans son bureau. En passant, ils peuvent voir une fontaine décorée par Miró, puis les étranges femmes de Giacometti. Anatole admire, mais pas Monsieur Maurice, oh non! lui trouve ça horrible. Et pour une fois, Germain est du même avis°; ces étranges statues lui font peur. Le musée est une grande maison très moderne. Les toits ont une forme spéciale pour recueillir l'eau de pluie.

être du même avis, avoir la même opinion

Dans son bureau, Monsieur Maeght cherche un peu dans ses tiroirs et montre une photo à l'inspecteur.

—Vous voyez, c'est celui-là, à gauche, près de la porte...

—Hum! on ne voit pas très bien, la photo est petite. Mais peut-être qu'à Paris on le reconnaîtra. Puis-je garder cette photo?

—Je vous en prie.

—Mon Dieu! s'écrie soudain Anatole que tout ça n'intéresse pas beaucoup.

—Quoi?

—Germain, où est Germain?

—Oh non! encore! s'exclame Monsieur Maurice en colère. J'en ai marre° de ton chien!

en avoir marre, to be fed up with

—Un chien? demande Monsieur Maeght.

—Mon chien! répond Anatole avec les larmes aux yeux.

—Ne vous inquiétez pas, nous allons le retrouver.

Monsieur Maeght appelle un des gardiens du musée et lui dit de chercher un petit pékinois solitaire. En attendant, il raconte aux deux policiers qu'il aime aussi les vieilles voitures et qu'il en a soixante; elles marchent toutes très bien et . . .

Et Anatole n'écoute pas, car il se fait du souci° pour Germain, tandis que Monsieur Maurice pense que le Commissaire Tronc sera content de lui: il a déjà une piste,° une piste qui s'appelle Jean Duchêne . . .

Au bout de° dix minutes, le gardien revient, avec Germain dans les bras.

—Où était-il? demande Anatole, en caressant son ami.

—A la cuisine! répond le gardien en riant. Il avait trouvé un ami, le chef cuisinier!

Tout le monde rit, sauf Monsieur Maurice, qui pense à d'horribles choses.

—Je vais envoyer cette photo à Paris, dit-il à Monsieur Maeght. Avec le nom de l'homme, nous pourrons peut-être le retrouver. En attendant, prévenez-moi si quelque chose arrive.

—C'est entendu. Où pourrai-je vous trouver?

—A la gendarmerie, au village.

—Au revoir messieurs, et bonne chance!

Les deux policiers montent dans la jeep et démarrent.

—Quand même, dit un des gardiens en les regardant partir, ils veulent retrouver des bandits et ils commencent par perdre leur chien!

Sur la route, pendant que Monsieur Maurice pense à son enquête, Anatole cherche un moyen d'empêcher Germain de faire des bêtises, car il sait que son chef va bientôt perdre patience. La route tourne au milieu des pins qui sentent bon. Le ciel bleu, le soleil . . . on se croirait en vacances . . . Soudain, une voiture noire arrive derrière eux, elle les rattrape, arrive à leur hauteur et, au lieu de les dépasser, elle serre° la jeep de plus en

se faire du souci, to fret, worry

avoir déjà une piste, to have a clue, lead already

au bout de, après

serrer, to crowd over

28 *L'Affaire des Tableaux Volés*

Soudain une voiture noire arrive derrière eux...

plus pour la faire sortir de la route. Anatole, serrant très fort le volant,° freine. La jeep s'arrête vite et Monsieur Maurice, surpris, se cogne la tête en tombant en avant. La voiture noire continue et disparaît derrière le tournant.

le volant, steering wheel

—Il l'a fait exprès,° Patron, il l'a fait exprès! répète Anatole machinalement.

Il l'a fait exprès, He did it on purpose

—Je sais, ça fait la troisième fois, répond Monsieur Maurice qui a une grosse bosse° au front. Il raconte ses deux "accidents" précédents. Et Germain, qui déteste ce genre de plaisanteries, aboie sans cesse.

une bosse, bump, swelling

—En route, termine Monsieur Maurice, fais taire ton chien, roule doucement et si tu t'arrêtes, préviens-moi: une bosse me suffit!

Répondez ou complétez:
1. L'autobus a du mal à rouler à Saint-Paul-de-Vence parce que . . .
2. Combien de gendarmes y-a-t-il à Saint-Paul-de-Vence?
3. Comment sait-on que les voleurs connaissaient bien le musée?
4. Germain trouve-t-il les voleurs?
5. En rentrant à Saint-Paul-de-Vence, qu'est-ce qui arrive aux policiers?

6 *Empoisonné!*

LE GENDARME a réservé une chambre pour chacun des policiers dans un petit hôtel tranquille, simple et propre. Le propriétaire de l'hôtel ne veut pas laisser entrer Germain.

—Pas d'animaux dans les chambres! Il va tout salir, tout casser! . . .

—Mais! . . .

—Non! Ne discutez pas. Je ne veux pas d'animaux dans les chambres! . . .

Le gendarme lui dit quelque chose à l'oreille.

—Bon, bon, vous pouvez le garder. Mais vous paierez les dégats° qu'il fera.

les dégats, damages

—D'accord! dit Anatole.

Les deux policiers s'installent dans leurs chambres. Ensuite, ils vont à la poste envoyer la photo de Jean Duchêne et un télégramme au Commissaire Tronc pour lui apprendre que tout va bien, tout va très bien. Puis ils se promènent dans les rues du village, des rues étroites et sans trottoirs. Au Moyen Age, les rues devaient ressembler à celles-ci.

En hiver, Saint-Paul est un petit village comme on en voit beaucoup en Provence et dans tout le Sud de la France. L'air est froid et sec malgré le soleil, et dans le ciel blanc les sons vont très loin. Mais en été, le soleil cuit° les vieilles pierres et leur donne cette si jolie couleur. En été les touristes viennent de toute l'Europe et d'Amérique. Ils viennent visiter la Fondation Maeght, les boutiques d'antiquités et d'art local, les ateliers d'artistes, peintres, potiers, céramistes, etc.; ils viennent aussi pour apprécier la cuisine délicieuse qu'on sert dans ces restaurants dont le plus célèbre est "La Colombe d'Or", où l'on mange au milieu des chefs-d'oeuvre de la peinture moderne. *cuit*, cf. cuire

Les rues sont pleines de ces touristes, riches et pauvres, jeunes et vieux, cheveux courts ou longs. Monsieur Maurice promène sa mauvaise humeur au milieu de tous ces gens.

—Tu devrais t'habiller autrement, tu ressembles à un hippy, dit-il à Anatole qui est vêtu d'un short et d'une chemise à fleurs; au milieu des jeunes gens bronzés, ses mollets° semblent vraiment blancs! *mollet*, calf (of leg)

—Quelles manières! continue Monsieur Maurice, regarde cette fille, elle est presque nue!... Et celle-là, elle a un maillot transparent!... Et lui, avec une chemise en dentelles! Quelle époque!...

Comme Anatole aime bien ce genre de chemise et qu'il trouve les filles très jolies et bien habillées, il préfère ne rien dire.

Bientôt ils rencontrent le gendarme qui se promène,

les mains derrière le dos, et souriant.

—Venez, c'est l'heure de l'apéritif, je vous invite!

Ils s'assoient à la terrasse d'un bar dans une petite rue presque tranquille. Monsieur Maurice veut boire une bière, mais le gendarme insiste:

—Non, non; le pastis est obligatoire ici!

D'ailleurs le garçon ne leur demande pas leur avis; il vient avec trois verres de pastis jaune et laiteux.° *laiteux*, milky Les trois sont assis confortablement, il fait bon à l'ombre. On est bien. Là-bas, au carrefour, une fontaine fait entendre son bruit clair et rafraîchissant. Un jeune homme, habillé comme un hippy, avec une guitare sous le bras, s'approche du bar. Il veut chanter sans doute, mais en voyant le gendarme et le visage si "sympathique" de Monsieur Maurice, il préfère aller chanter ailleurs.

—Vous n'avez pas trop d'ennuis avec ces gens-là? demande Monsieur Maurice d'un ton méprisant.

—Non, pas trop. En général ils sont très doux. Ils obéissent tout de suite quand on leur dit quelque chose.

Le capitaine boit une gorgée de pastis bien frais en fermant les yeux de plaisir, puis il dit:

—Ils sont beaucoup moins ennuyeux que les nudistes.

—Les nudistes! Vous avez des nudistes ici?

—Non, pas ici, heureusement! Mais il y a quelques années, j'étais gendarme à Saint-Tropez et là, il y en a beaucoup. Des Français, mais aussi des Allemands, des Hollandais et des Scandinaves.

—Pourquoi sont-ils un problème? demande Anatole, en faisant boire un peu de pastis à Germain qui n'aime pas ça du tout!

Le gendarme boit une autre gorgée et dit:

—Ils sont un problème parce qu'ils ont une très mauvaise habitude: Dès qu'ils trouvent un bout de plage vide, un morceau de sable entouré d'herbes et de pins, ils s'installent. Car en général ils n'aiment pas la foule et sur leurs plages reservées ils sont forcément nombreux.

—Alors, que faites-vous?

—Nous les pourchassons, nous leur ordonnons de s'habiller ou d'aller sur leurs plages. Si nous retrouvons les mêmes plusieurs fois, ils payent une amende° . . .   *une amende,* a fine

Ils ne sont pas méchants, mais ils sont têtus, oh là là!

—Enfin, ici vous n'avez pas ce problème, dit Anatole en vidant son verre.

—Mais vous ne buvez pas? demande le gendarme en voyant que le verre de Monsieur Maurice est encore plein.

—Si, si! . . . Mais ce que vous dites est tellement intéressant! . . . Euh, si nous parlions des tableaux volés? et Monsieur Maurice fait semblant° de boire.   *faire semblant,* prétendre

Le gendarme commande un autre verre pour lui et dit:

—Oui, parlons des tableaux volés . . . Je crois qu'une bonne chose pour vous serait de visiter les gens de la région qui ont de belles collections de peintures qu'on pourrait voler. Qu'en pensez-vous?

—C'est une bonne idée, répond Monsieur Maurice. Y a-t-il beaucoup de collectionneurs par ici?°   *par ici,* around here

—Oh oui! Mais il y en a peu de très importants. A part l'auberge de la Colombe d'Or, il y a le docteur Lancette, un chirurgien célèbre, la vedette de cinéma que tout le monde connaît, Béatrice Bridois . . .

Le gendarme s'arrête parce qu' Anatole vient d'avaler son pastis de travers.° Il est mouillé; il tousse et il pleure et il a les yeux rouges. Le gendarme lui donne des coups dans le dos.   *avaler son pastis de travers,* his pastis went down the wrong way

—Ça va mieux, merci, dit Anatole en souriant. Excusez-moi.

Le gendarme réfléchit un peu:

—Voyons, nous pouvons aller d'abord chez Monsieur Lancette, parce qu'il va souvent à Nice où il a un bateau. Ensuite, nous irons chez mademoiselle Bridois.

Je dis "nous" car je vais vous accompagner. Comme tous ces gens me connaissent, ce sera plus facile pour vous de les interroger.

Germain, qui commence à s'ennuyer, fait signe à un chien qui passe. Les deux chiens sont de la même taille, mais, si Germain est à peu près propre, l'autre a le poil sale, les yeux brillants et ses côtes° peuvent se compter tellement il est maigre. Ce doit être un chien vagabond, mais Germain est comme son maître: il ne croit pas que la situation sociale est importante pour se faire des amis!

côtes, ribs

Pendant que les deux chiens se racontent les dernières nouvelles, Anatole, pour s'essuyer les yeux, sort son mouchoir de sa poche et, crac! il secoue la table: le verre de Monsieur Maurice se renverse. Tout le pastis coule par terre, en passant d'abord par les chaussures de Monsieur Maurice!

Le chien aux yeux brillants s'approche. C'est un chien du pays, il doit aimer le pastis. Il renifle un peu et commence à boire, à grands coups de langue.° Tout le monde rit, sauf Monsieur Maurice, qui a du pastis dans ses chaussures. Mais soudain le chien cesse de boire, relève la tête . . . Ses yeux ne brillent plus. Puis un hoquet° le secoue de la tête à la queue et il s'enfuit en hurlant, la queue entre les jambes!

à grands coups de langue, in great gulps

hoquet, hiccup

—Ça alors! dit le gendarme, c'est le pastis qui lui fait cet effet?

—Non, répond Monsieur Maurice qui s'est penché pour sentir le liquide renversé et se redresse lentement; non, ce n'est pas le pastis, c'est le poison qui est dedans!

Répondez:
1. Si vous étiez touriste en France, qu'est-ce que vous voudriez faire à Saint-Paul-de-Vence?
2. Comment est-ce qu'Anatole trouve les jeunes filles qui visitent Saint-Paul?
3. Qu'est-ce que tout le monde boit à l'heure de l'apéritif à Saint-Paul?
4. Les nudistes sont-ils un problème à Saint-Paul?
5. C'est bien que M. Maurice n'aime pas son pastis. Pourquoi?

7 Un suspect; une vedette

LE SOIR, les deux inspecteurs ont mangé chez le gendarme.

—Avec ma femme vous êtes tranquille, a-t-il expliqué. Si elle veut m'empoisonner, elle attendra un jour où nous serons seuls tous les deux!

Et le soir, en entrant dans leur chambre, Anatole et Monsieur Maurice ont regardé sous leur lit avant de se coucher. Mais la nuit fut tranquille.

Le lendemain, à huit heures et demie, le gendarme vient les réveiller.

—Debout! debout! la journée sera splendide!...

Il y a une chose que Monsieur Maurice déteste particulièrement: que quelqu'un lui parle du beau temps qu'il fait quand il se lève. C'est suffisant pour le mettre en mauvaise humeur° toute la journée!... Voilà, il sera de mauvaise humeur, comme d'habitude.

pour le mettre en mauvaise humeur, to put him in a bad mood

Ils sont vite habillés et déjeunent rapidement. Monsieur Maurice remarque que le café au lait n'a pas le même goût et que les croissants sont moins bons qu'à Paris. Mais comment croire Monsieur Maurice?

—Allons, un peu plus vite! dit le gendarme qui, lui, semble être de très bonne humeur.

—Mais pourquoi êtes-vous si pressé? demande Anatole qui a encore oublié de se peigner.

—Nous avons rendez-vous avec Monsieur Lancette, le chirurgien.

—Je suis sûr qu'il n'est même pas encore levé! s'exclame Monsieur Maurice.

—Vous vous trompez: c'est un pêcheur fanatique, et comme il va jusqu'à Nice où est son bateau, il se lève à l'aube° tous les matins.

à l'aube, quand le soleil se lève

—Bah! dit Monsieur Maurice, complètement dégoûté.

Le gendarme monte dans sa voiture et les deux

policiers le suivent avec la jeep. Ils sortent vite du village. En tournant à gauche, le gendarme suit une route qui grimpe sur une colline et qui tourne souvent. Bientôt il s'arrête devant une villa splendide. Accrochée au rocher, elle a plusieurs niveaux et elle suit la forme de la colline. Ses murs sont en grosses pierres couleur de rouille° et très irrégulières. Tout autour, le jardin est empli de mimosas, de rosiers, de lis et de beaucoup d'autres fleurs qui sentent très bon.

la rouille, rust

—Que c'est beau! s'exclame Anatole qui tient Germain sous son bras.

—Où est-ce chirurgien-pêcheur? demande Monsieur Maurice qui commence à se réveiller.

—Bonjour messieurs, bonjour! . . . dit Monsieur Lancette en ouvrant la porte. Petit, avec de larges épaules, il a des cheveux gris et frisés, et son visage respire la gentillesse.° Le gendarme lui présente les deux inspecteurs et lui explique le but° de leur visite.

respire la gentillesse, radiates kindness
le but, l'objectif

—Vous voulez voir ma collection, avec plaisir! Par ici.

Les trois hommes suivent Monsieur Lancette dans la maison qui est encore plus belle dedans que dehors. Il y a beaucoup de vieux meubles et tous les murs sont décorés avec des peintures.

"Comment un chirurgien peut-il être aussi riche? se demande Monsieur Maurice. Je sais qu'ils gagnent beaucoup d'argent, mais quand même, posséder toute une collection de peintres célèbres . . ."

—Mes amis m'ont recommandé de mettre tous mes chefs-d'oeuvre dans un coffre-fort,° à la banque, explique Monsieur Lancette, mais si les bandits peuvent voler des tableaux dans un splendide musée comme la Fondation Maeght, un musée qui a des systèmes de sécurité ultra-modernes, ils n'auront aucune difficulté à ouvrir le coffre d'une banque. Et cette maison serait si vide, si triste sans toutes ces peintures.

coffre-fort, strong-box, vault

—Vous aimez beaucoup la peinture, n'est-ce pas? demande Monsieur Maurice.

36 L'Affaire des Tableaux Volés

—Oh oui! énormément. Monsieur Lancette sourit. J'ai une des plus belles collections de la région, après Monsieur Maeght, bien sûr, et après la comtesse.

—La comtesse? Quelle comtesse?

—Ah oui! dit le gendarme, la comtesse de Vaulyeuse, j'ai oublié de vous en parler parce qu'elle n'est pas souvent là. Elle voyage beaucoup et nous irons lui rendre visite dès son retour.

—Elle revient de Paris ce soir, leur apprend Monsieur Lancette. Je le sais car je l'ai invitée sur mon bateau pour la petite fête que je donne ce soir.

"C'est vrai, il a aussi un bateau", pense Monsieur Maurice.

—A propos,° vous êtes invités vous aussi, tous les trois. Vous ferez la connaissance de la comtesse, par la même occasion.°

—Euh . . . dit le gendarme, je ne sais pas si ma femme . . .

—Faites votre possible!

—D'accord, dit Monsieur Maurice, avec plaisir. Ce sera très intéressant.

—Vous savez, dit le chirurgien, ce sera une "partie" tout à fait normale, rien d'extraordinaire.

—Puis-je apporter mon chien? demande Anatole.

—Certainement. Il a l'air très mignon . . . Soyez à huit heures, ce soir, sur le port de Nice. Un marin viendra vous chercher. Nous irons faire un tour en mer.

"Et en plus°, il a des marins!" pense Monsieur Maurice.

Monsieur Lancette les accompagne jusqu'à la porte:

—A ce soir, je compte sur vous! . . .

Les deux voitures roulent l'une derrière l'autre et Anatole fait très attention, surtout dans les virages. Il regarde souvent derrière lui pour voir si une voiture noire ne vient pas. Mais rien ne se passe. Anatole dit:

—Il est très gentil ce monsieur, n'est-ce pas?

—Mm . . . trop gentil . . . et trop riche.

A propos, While we're talking about the party . . .

par la même occasion, en même temps

et en plus, and what's more

—Oh! vous pensez que . . .

—Je ne sais pas. Peut-être . . . Il adore la peinture, il est riche et malgré ça il ne peut pas acheter les tableaux des musées, et surtout, il est très gentil et souriant avec nous . . . En général, les gens ne sourient pas à des policiers . . .

—Mais si! les honnêtes gens.

—Au contraire, ce sont ceux qui veulent cacher quelque chose qui font des sourires. Les honnêtes gens! . . . Que tu es naïf, mon pauvre Anatole.

Et Monsieur Maurice, assez content de lui et de sa perspicacité,° arrange son béret que le vent a mis de travers et demande:

assez content de lui et de sa perspicacité, rather pleased with himself and his astuteness

—Où allons-nous, maintenant?

—Chez . . . euh, chez B.B., je crois, répond Anatole en rougissant.

—Qui?

—Béatrice Bridois, vous savez, l'actrice.

—Ah oui.

La voiture du gendarme traverse le village sans s'arrêter, suivie de la jeep. La maison de mademoiselle Bridois est quelque part dans la colline, au milieu des pins. Bientôt le gendarme s'arrête près d'un mur assez haut. Il descend de voiture et va sonner à la porte en fer forgé. En voyant que les deux inspecteurs ont un air étonné, il leur explique:

—Elle a fait construire ce mur pour se protéger des journalistes qui ne la laissent jamais tranquille.

Comme il finit de parler, trois journalistes sortent de derrière un arbre et prennent des photos des trois hommes. Anatole s'arrange vite les cheveux avec la main et il tient Germain dans ses bras, devant lui, bien en évidence pour être certain qu'on le voit. L'un des journalistes demande:

—Monsieur le gendarme, qui sont ces messieurs? Pourquoi venez-vous voir B.B.?

—Euh, euh, dit le gendarme en mettant son képi°

képi, chapeau que portent les gendarmes français

bien droit, c'est une visite privée. Euh . . . c'est sans intérêt.

—Et qui sont ces messieurs? insiste le journaliste en montrant les deux inspecteurs qui ne disent rien.

—Euh . . . ce sont des . . . euh . . . des, des décorateurs! Mademoiselle Bridois les fait venir de Paris et ils m'ont demandé de les accompagner parce qu'ils ne connaissent pas le chemin. Voilà.

Le gendarme est très content de son mensonge, mais le journaliste demande d'une voix douce:

—Dites, monsieur le gendarme, vous connaissez beaucoup de décorateurs qui roulent en jeep?

Le gendarme ne sait pas quoi répondre. Heureusement, un homme s'approche de la porte. C'est le gardien de la maison. Il reconnaît le gendarme:

—Bonjour, monsieur le gendarme, que puis-je pour faire vous aider?

—Ces messieurs veulent voir mademoiselle Bridois; ils viennent de Paris; je vous expliquerai.

—Entrez, entrez. Mademoiselle prend un bain de soleil à la piscine. Suivez-moi.

Ils marchent le long d'une allée° qui tourne autour de la maison. Voici la piscine. Anatole se sent très rouge et il caresse son petit chien nerveusement, sans y penser. *Elle* est là, étendue sur une chaise-longue, à l'ombre d'un parasol. Le gardien présente les visiteurs, mais Anatole n'entend rien. *Elle* se lève . . . *elle* s'approche . . . *la* voilà, et Anatole entend une douce musique; il oublie tout, même Germain qui tombe en poussant un petit cri.

—Oh! le mignon petit chien, dit-*elle*. Comment s'appelle-t-il?

—Ana . . . Ana . . . Ana . . . Germain! dit Anatole avec difficulté.

Elle prend Germain dans ses bras:

—Bonjour Germain, tu es très mignon, dit-*elle*.

Puis *elle* le rend à son maître. Anatole ose à peine le toucher!

° *une allée*, petit chemin (path)

Un suspect; une vedette

Elle se lève ... *elle* s'approche ... *la* voilà ...

L'Affaire des Tableaux Volés

—Pourquoi venez-vous me voir? demande-t-*elle* à Monsieur Maurice.

—Je suis chargé° d'enquêter sur le vol des tableaux de la Fondation Maeght, répond-il; et il a ôté son béret. Je voudrais savoir quel genre de tableaux vous avez, afin de calculer les probabilités de vol . . . *être chargé de*, to be entrusted with

—Pauvre Monsieur Maeght, il aime tant ses tableaux. Ce doit être terrible pour lui!

—Je voudrais aussi savoir comment vos tableaux sont protégés.

—Oh! rassurez-vous! Tout de suite après ce vol affreux, j'ai mis toutes mes peintures dans un coffre, dans une banque. A la place, j'ai accroché aux murs des photos absolument formidables de Javslo. Vous connaissez Javslo, n'est-ce pas, inspecteur?

—Non, madame.

—Mademoiselle! . . . Javslo, c'est cet adorable petit homme qui fait des pho . . .

—Euh . . . c'est une très bonne idée d'avoir mis des photos à la place de vos peintures, dit Monsieur Maurice, que la photographie n'intéresse pas. Et excusez-nous de vous avoir dérangée pour rien. Au revoir . . .

Et l'inspecteur s'en va, suivi du gendarme. Au bout de quelques mètres il s'arrête, se retourne et crie:

—Anatole . . . Anatole! . . .

Anatole ne bouge pas, la bouche ouverte et les yeux fixés sur *elle* qui se rallonge sur sa chaise au bord de sa piscine.

—Anatole! Tu es sourd? . . . Veux-tu que je vienne te chercher?

—J'arrive, j'arrive, Patron! et Anatole rejoint son chef en murmurant: Je sais pourquoi Germaine était jalouse; *elle* est beaucoup mieux qu'elle!

—Que dis-tu? demande Monsieur Maurice qui a l'oreille fine.° *avoir l'oreille fine*, to have keen hearing

—Je dis que B.B. est beaucoup mieux que Germaine.

—B.B.? Germaine? De qui parles-tu?

—Je parle de Germaine, ma pauvre femme qui est morte depuis dix ans, et de Béatrice Bridois, l'actrice de cinéma que nous venons de rencontrer, répond Anatole d'un air fâché.

—Ah! ah! ah! tu compares Germaine avec une actrice de cinéma!

—Pourquoi pas?

—C'est vrai, pourquoi pas! Mais tu te trompes d'actrice:° Germaine ressemblait plutôt à Charles Laughton!

tu te trompes d'actrice, you've got the wrong actress

—Peuh! répond Anatole vexé, vous dites ça parce que vous êtes jaloux, vous n'avez pas pu vous marier, vous, pas même avec Charles Laughton!

—Si tu veux bien, parlons d'autres choses, dit Monsieur Maurice qui aime avoir raison.

Répondez:

1. Pourquoi faut-il faire une visite chez le docteur Lancette si tôt le matin?
2. Le docteur ne veut pas mettre ses tableaux dans un coffre-fort parce que . . .
3. Pourquoi M. Maurice soupçonne-t-il le docteur Lancette?
4. Est-ce qu'on a volé les tableaux de B.B.?
5. M. Maurice pense-t-il que Germaine ressemblait à B.B.?

8 *La mer et ses dangers*

COMMENT S'HABILLER? . . . C'est le grand mystère qui occupe les deux inspecteurs. Monsieur Maurice voulait louer des smokings,° mais Anatole a remarqué:

louer des smokings, to rent dinner jackets

—Un smoking en été, au bord de la mer! On nous aurait prévenu.

—Tu ne veux pas aller en short, non?

—Non, bien sûr . . .

Anatole vient de laver Germain et il le frotte avec une serviette. Le petit chien n'est pas content et il remue beaucoup. Anatole continue:

—... Du calme Germain!... Le gendarme sera en uniforme, n'est-ce pas?... Cesse de bouger!

—Je pense que oui; pourquoi?

—Alors, allons-y comme lui. En costume propre. Après tout, nous sommes là pour travailler.

—C'est vrai, admet Monsieur Maurice, le travail avant tout. Dépêchons-nous: Il faut être à Nice, sur le port, dans une heure.

Le temps de s'habiller comme des milords,° de brosser le chien et de sauter dans la jeep, les voilà en route.

milords, lordships

—Et il faut aussi aller chercher le gendarme!

Première rue à droite, deuxième à gauche, deuxième à droite, voilà la gendarmerie. Les deux policiers descendent de voiture. La gendarmerie est fermée, les volets clos,° silencieuse.

les volets clos, the shutters closed

—Où est-il? se demande Monsieur Maurice.

—Il n'est pas parti sans nous, quand même!

—Montons voir chez lui.

Ils montent l'escalier étroit qui mène à l'appartement du gendarme. En approchant de la porte, ils entendent des voix, des voix qui parlent haut, qui hurlent même. Ils frappent.

—Qu'est-ce que c'est? demande une voix peu gentille.

—Inspecteur Maurice. Dépêchez-vous, gendarme, nous allons être en retard.

—Oh! inspecteur, un instant!...

On entend des voix qui chuchotent, des chaises qui remuent et enfin la porte s'ouvre. Le gendarme paraît, l'air ennuyé, en pantalon et maillot de corps;° ses bretelles° pendent dans son dos.

maillot de corps, undershirt
bretelles, suspenders

—Euh, inspecteur, je suis désolé, mais je ne pourrais pas vous accompagner à Nice.

—Ah non? Pourquoi?

—Euh... Eh bien... J'ai trop de travail...

Mais la femme du gendarme ne le laisse pas mentir

La mer et ses dangers

plus longtemps. Elle le pousse de côté° et dit à Monsieur *de côté*, aside, to one side
Maurice en le regardant droit dans les yeux:

—S'il ne va pas avec vous, ce n'est pas qu'il a trop de
travail, ce feignant!° c'est que je ne veux pas qu'il se   *feignant*, loafer (slacker)
promène en bateau, avec de belles dames bien habillées
ou déshabillées, parce que de nos jours,° vous savez!...   *de nos jours*, these days (meaning "you can expect the worst")
Je ne veux pas qu'il s'amuse, qu'il danse et qu'il boive
pendant que moi je fais la vaisselle!...

—Euh!... dit Monsieur Maurice qui n'a jamais su
parler aux femmes, je comprends, je vous comprends,
je vous comprends très bien. Bon, alors nous y allons
sans lui.

—C'est ça.

Et les deux inspecteurs s'en vont pendant que le
gendarme, qui croyait que l'inspecteur allait le dé-
fendre, reste, la bouche grande ouverte° et les yeux   *grande ouverte*, wide open
ronds. Les deux inspecteurs descendent les escaliers en
courant, montent dans la voiture où Germain les
attend avec impatience, et repartent rapidement sur
la route sinueuse. Monsieur Maurice n'est pas content:
Ils vont être en retard.

Evidemment, dès qu'ils arrivent à Nice, le premier feu°   *feu*, stop light
qu'ils rencontrent passe au rouge; et tous les autres
après lui. Ça arrive toujours quand on est en retard.

Les voilà sur le port. Ici, c'est le calme. Les voitures
passent sur la route, plus haut, au-dessus des têtes, mais
sur les quais on roule doucement. Anatole conduit en
faisant attention à tout ce qui gêne le passage: grosses
cordes, ancres, filets°... Il y a beaucoup de bateaux   *filet*, net
dans le port de Nice, des voiliers et des bateaux à
moteur; il y a aussi les bateaux-ventouses° qui ne   *ventouse*, leech
quittent jamais leur place pour ne pas la perdre et qui
restent là tout au long de l'année; mais on ne voit pas
le bateau de M. Lancette. Les deux inspecteurs marchent
sur le quai et regardent les yachts splendides dont
beaucoup ont le drapeau de Panama qui flotte à
l'arrière.

44   L'Affaire des Tableaux Volés

—C'est pour ne pas payer d'impôts,° explique Monsieur Maurice.   *impôt*, taxe

—Pardon, messieurs, dit un homme habillé en matelot,° avec une moustache brûlée par les cigarettes, êtes-vous les deux policiers de Paris que M. Lancette attend?   *en matelot*, comme un marin

—Oui, c'est nous.

—Suivez-moi, s'il vous plaît, je vais vous conduire.

—Nous conduire où? demande Monsieur Maurice, méfiant.

—Mais . . . au bateau de M. Lancette! Il vous a invité, n'est-ce pas?

—Oui, mais où est-il ce bateau?

—Le patron, M. Lancette, est un vrai fanatique de la pêche, et en attendant ses invités, il essaye d'attraper quelques poissons! Venez, nous allons le rejoindre avec ce canot.

Les trois hommes montent dans un petit bateau qui a un moteur hors-bord° et qui bouge beaucoup. Germain n'aime pas beaucoup ça.   *moteur hors-bord*, outboard motor

En route. Le bateau prend de la vitesse aussitôt qu'il sort du port. Le vent est léger, la mer assez belle. Ils vont tout droit vers le large.° Depuis le départ le matelot n'a rien dit. Il regarde devant, fixement. Le bateau va toujours, vers la haute mer.   *le large*, open sea

—Vous savez où vous allez? demande Monsieur Maurice en criant à cause du moteur.

Le matelot fait oui de la tête . . . Le ciel est sans nuage, il fait beau. Des mouettes° volent avec nonchalance avant de plonger sur un poisson. "Un beau temps pour la pêche" pense Anatole, les yeux à demi-fermés.   *mouette*, seagull

—Quand arrivons-nous? demande Monsieur Maurice qui trouve que c'est bien long et qui ne voit toujours pas de bateau.

Mais le matelot fait signe qu'il n'entend pas, à cause du moteur. Soudain, le moteur s'arrête et c'est le silence.

—Qu'est-ce qu'il y a? crie Monsieur Maurice, et sa voix résonne comme dans une église.
—Hum! répond le matelot en se tournant vers le moteur.

Il essaye de le faire repartir . . . On entend crier les mouettes . . . Le matelot se retourne vers les deux policiers qui attendent avec anxiété, et il a un pistolet dans la main!

—Sautez à l'eau, dit-il menaçant, et vite!
—Quoi? Quoi? répète Anatole qui ne veut pas comprendre.
—J'ai dit: sautez à l'eau, ou je tire!° Et il n'a pas l'air de plaisanter en disant cela. *tirer*, to fire
—Mais, proteste Anatole, il y a longtemps que je ne sais plus nager: j'ai oublié!
—Tant mieux pour toi, ce sera moins long. Saute!

Mais pendant qu'il parle à Anatole, le bandit ne voit pas Germain qui montre les crocs° et s'approche de lui . . . *montre ses crocs*, bares his teeth

—Aaaah! hurle le bandit quand le petit chien lui mord° le mollet. *mordre*, to bite

Anatole, qui est tout près, lui donne un coup sur la main droite et le pistolet tombe à l'eau. En voyant qu'il n'est plus le plus fort, le bandit plonge dans la mer et s'éloigne en nageant rapidement.

—Bravo Anatole! s'exclame Monsieur Maurice, bien joué! . . . Et l'autre n'en croit pas ses oreilles.
—C'est Germain qu'il faut féliciter.° *féliciter*, to congratulate

Mais Monsieur Maurice n'est pas de ces gens qui perdent leur temps en paroles, même de remerciement. Il est déjà en train d'essayer de remettre le moteur en marche.° Il tire sur la corde, il tire, il tire . . . Rien à faire, le moteur est vraiment en panne . . . Et le vent les pousse vers la haute mer, le large . . . Les mouettes crient d'une façon° sinistre. *remettre . . . en marche*, to start up again

façon, manière

—Je sens que je vais être malade! dit Anatole en se frottant le ventre.

—Quelle cochonnerie,° ce moteur! crie Monsieur *cochonnerie*, a botched up mess
Maurice.

Le soleil descend vers l'horizon. Le ciel devient jaune et rouge. C'est très beau. Mais qui s'intéresse encore aux couchers de soleil? Monsieur Maurice, assis près d'Anatole, murmure:

—Tout ça à cause de ce chirurgien!

—Comment?

—Mais oui! Tu n'as pas encore compris? C'est certainement lui notre voleur. Il nous a invités ce soir en espérant pouvoir nous noyer.° Après, il pouvait *noyer*, to drown
continuer ses petites affaires sans être inquiété avant longtemps.

—Vous croyez? Il a l'air si gentil!

—L'air hypocrite, oui! . . . Enfin, heureusement que j'étais sur mes gardes. Je n'ai pas eu confiance dans ce matelot dès que je l'ai vu.

—Et nous allons mourir de faim!° dit Anatole, les *mourir de faim*, starve to death
larmes aux yeux.

—Pour ça, nous pourrons tenir quelques jours.

—Comment ça?

Monsieur Maurice montre du doigt Germain qui se lèche les pattes.

—Oh! Vous n'avez pas honte, Patron? dit Anatole, rouge de colère. Ce brave petit chien vous sauve la vie et vous, vous voulez le manger! C'est dégoûtant! . . . Et il prend Germain dans ses bras pour le protéger en murmurant: Cannibal!

Monsieur Maurice veut répondre quelque chose, mais il ôte soudainement sa veste et il l'agite comme un drapeau, en criant et en sifflant. "Il est devenu fou!" pense Anatole.

—Ohé! . . . Ohé! . . . crie Monsieur Maurice. Ohé le bateau! Par ici!

En effet, un petit bateau avec un moteur hors-bord s'approche. Il y a trois hommes à bord, et bientôt on voit leurs visages. Celui qui est debout à l'avant est M. Lancette!

La mer et ses dangers 47

Quand les deux bateaux sont tout près, le chirurgien dit en souriant:

—Eh bien! vous nous avez fait peur!... Mais que faites-vous sur ce bateau?

Monsieur Maurice est embêté; il était certain que M. Lancette était le voleur de tableaux et celui qui avait déjà essayé de le tuer. Et maintenant, il vient les sauver... Il y a quelque chose qui n'est pas normal...

Les deux policiers montent dans le bateau du chirurgien qui leur dit:

—Je vous attendais sur mon yacht et j'ai envoyé deux marins pour vous chercher. Ils sont revenus en disant que des gens vous avaient vus monter dans une barque° en compagnie d'un homme qui n'avait pas "une tête sympathique". Ne vous voyant toujours pas venir, je me suis inquiété et nous voilà!... Nous essaierons de savoir à qui appartient ce bateau, mais maintenant oubliez tout ça, nous allons nous amuser.

une barque, un canot (petit bateau)

Le yacht de M. Lancette est splendide, un vrai petit paquebot! Il est décoré de lampes de différentes couleurs et on entend de la musique et des rires. Le petit bateau où se trouvent nos amis s'approche lentement. Maintenant, il fait tout à fait nuit. Ils montent à bord par une petite échelle et Germain a quelques difficultés, aussi Anatole le prend sous son bras. Le pont du yacht est plein de monde. Les deux inspecteurs arrivent en haut et regardent...

—Et vous vouliez vous mettre en smoking! dit Anatole à l'oreille de Monsieur Maurice.

En effet, ils sont les seuls à porter une cravate! D'une façon ou d'une autre, tout le monde est vêtu légèrement et à la mode hippy! Un garçon s'approche avec un plateau et leur offre un verre. C'est du whisky. Anatole le goûte puis il en donne un peu à Germain pour le remercier. Après tout, c'est lui qui leur a sauvé la vie ce soir.

Une heure plus tard tout le monde est très gai.

Mais M. Lancette raconte à ses invités pourquoi les deux hommes sont en retard, et tout le monde trouve cette histoire passionnante. Bientôt les deux inspecteurs sont entourés d'admirateurs et d'admiratrices qui les interrogent . . . et Monsieur Maurice s'amuse beaucoup! Tout le monde parle en même temps, tout le monde s'exclame: c'est terrible! . . . Quelle aventure! . . . Incroyable! . . . Et bla bla bla et bla bla bla . . .

Une heure plus tard, tout le monde est très gai et Monsieur Maurice raconte qu'il sait très bien qui a voulu les tuer, qu'il connaît presque tous les complices, et qu'il va bientôt les arrêter, comme ce nommé Duchêne qui n'ira pas loin et s'il voulait il pourrait donner d'autres noms . . . Monsieur Maurice n'a pas l'habitude de boire tant de whisky et ceci explique peut-être pourquoi il parle tant.

Une heure et demie plus tard, on peut voir Anatole en train de danser. Il est entraîné par une grosse dame qui a une robe couverte de bijoux.

—Est-ce qu'ils sont vrais? demande Anatole pour dire quelque chose.

—Mais non, voyons! c'est du toc.°   *toc*, false

Il n'est pas facile de danser quand il y a beaucoup de monde, quand on tient un chien dans ses bras (parce qu'Anatole a peur de perdre Germain dans cette foule!) quand ce chien remue beaucoup, quand on a trop bu; il est difficile de danser quand on ne sait pas danser!

—Je crois que Germain a trop bu, dit Anatole en riant.

—Vous aussi vous avez trop bu! répond la dame aux faux bijoux.

—Je suis sûr que vous avez plus bu que moi, ajoute Anatole qui ne sait plus très bien ce qu'il dit.

Clac! il reçoit une gifle.°   *gifle*, slap

—Mais! . . . mais! . . . dit-il pendant que Germain grogne, ce n'est pas vrai?

—Si, justement! répond la dame qui s'en va, vexée.

Pendant ce temps, Monsieur Maurice est assis dans un fauteuil confortable et, lui aussi, commence à voir la vie en rose ... D'un côté, un grand jeune homme, maigre et barbu, lui explique la philosophie des sages de l'Inde, et le policier pense que tout n'est pas faux là-dedans! ... De l'autre côté, une charmante jeune femme lui répète sans cesse:

—Mais inspecteur, pourquoi ne voulez-vous pas enlever votre cravate? Ce n'est plus du tout à la mode. Pourquoi ne voulez-vous pas enlever votre cravate?

Mais Monsieur Maurice n'est pas de ces gens qui se laissent facilement convaincre, et il n'est pas question d'enlever cette cravate! D'ailleurs, M. Lancette vient le délivrer:

—Mon cher inspecteur, je veux vous présenter à une très bonne amie.

Monsieur Maurice se lève, et ce n'est pas facile. Puis il suit le chirurgien.

—Comtesse, voici l'inspecteur Maurice, de Paris, qui s'occupe de cette triste histoire de vol. Inspecteur, je vous présente la Comtesse de Vaulyeuse, qui a la plus belle collection de peintures de la région.

—La plus belle après celle de la Fondation Maeght, corrige la comtesse avec un sourire.

C'est une grande femme maigre d'une soixantaine d'années. Sa grande bouche parle, plaisante, sourit, mais ses yeux restent froids et durs.

—Aimez-vous la peinture moderne, inspecteur? demande-t-elle.

—Euh, oui, beaucoup! répond Monsieur Maurice sans rougir.

—Quel est votre peintre préféré?

—Euh ... Pardon? répond l'hypocrite inspecteur comme s'il n'avait pas entendu.

—Aimez-vous Mondrian? et Miró? et ...

—Ah! Miró! ... dit Monsieur Maurice d'un ton inspiré. Miró, Miró, Miró! ...

—Vous aimez Miró, vous aussi! Moi, je l'adore. C'est mon peintre favori et j'ai plusieurs oeuvres de lui dans ma collection.
—Plusieurs ont été volés, dans différents musées.
—Oui, je sais. Quelle chose terrible, n'est-ce pas?...
—Mais je suis sur une piste, et les voleurs seront bientôt arrêtés.
—J'en suis certaine. Mais pourquoi ne pas venir visiter ma collection un jour? Venez donc chez moi demain, je vous montrerai tous mes Miró!
—Avec plaisir.

A ce moment, on entend un grand bruit. La comtesse et l'inspecteur se retournent. Par plaisanterie, Anatole a posé Germain sur une table couverte de verres et de bouteilles. Et le pauvre chien essaye de marcher au milieu de tout ça, cling! il casse un verre par çi, clang! une bouteille par là, pendant qu'Anatole et un groupe d'invités applaudissent.

—Quel est cet énergumène?° demande la comtesse en parlant d'Anatole.

énergumène, maniac

—C'est... c'est mon assistant. Je crois qu'il a un peu trop bu: il n'a pas l'habitude de ces sortes de réceptions.

—Pouvez-vous venir seul, mon cher inspecteur? J'ai treize chats qui se promènent en liberté dans mon domaine et j'ai peur que ce chien... Et puis nous serons entre gens du monde,° ajoute-t-elle avec un grand sourire. Je vous garderai à dîner, ce sera très bien!

gens du monde, gens sophistiqués

Quelques heures plus tard, quand le soleil blanchit° l'horizon du côté de l'Italie, le bateau rentre au port. La fête est finie. Monsieur Maurice et Anatole ne se souviendront jamais comment ils sont retournés à Saint-Paul-de-Vence, ni comment ils ont retrouvé leur hôtel. Mais ils n'oublieront pas le plaisir de s'allonger entre des draps frais et de dormir, de dormir...

blanchir, rendre blanc

52 L'Affaire des Tableaux Volés

Corrigez:
1. Le gendarme à Saint-Paul ne peut pas partir pour la fête à Nice parce qu'il a trop de travail.
2. Il y a plusieurs bateaux avec le drapeau de Panama dans le port de Nice parce que les gens de Panama adorent le climat de la Côte d'Azur.
3. Il faut rejoindre le docteur Lancette en canot parce que son yacht est trop grand pour entrer dans le port de Nice.
4. Le marin sauve la vie à M. Maurice et Anatole.
5. M. Maurice rassure Anatole: ils tiendront quelques jours en mangeant des poissons.
6. Miró est le seul peintre que M. Maurice aime.
7. La fête finit vers minuit.

9 La comtesse de Vaulyeuse

IL EST TROIS heures de l'après-midi lorsque Monsieur Maurice ouvre un oeil avec beaucoup de difficulté. On frappe à la porte.
—Oh! ma tête! . . . Qu'est-ce que c'est?
De derrière la porte le patron de l'hôtel crie:
—On vous demande au téléphone, monsieur l'inspecteur!
—Au diable° le téléphone!   *au diable,* the devil take . . .
—Bon. Je vais lui dire . . .
—Attendez! Savez-vous qui m'appelle?
—Oui, c'est la comtesse de Vau . . .
—La comtesse! Je viens, je viens. Dites-lui que j'arrive dans cinq minutes!
Monsieur Maurice s'habille rapidement. Il brosse ses cheveux courts et gris avec beaucoup de soin, comme si on pouvait le voir au téléphone. Puis il descend les escaliers quatre à quatre° et saute sur l'appareil.   *quatre à quatre,* 4 (steps) at a time
—Allô? . . . Bonjour, madame la comtesse . . . Mais non, je suis levé depuis longtemps . . . Quoi! un vol! Chez vous! . . . Quatre tableaux de Miró! Mon préféré . . . Ça alors, ils exagèrent; je sens que je vais me fâcher

... Que dites-vous?... Non. Je viens avec mon assistant. Il repartira ensuite; comme ça vous n'aurez pas besoin de vous déranger... D'accord, nous arrivons. A tout de suite, madame la comtesse... Au revoir...

Monsieur Maurice accroche le téléphone et crie dans l'escalier:

—Anatole! Anatole! Debout, paresseux!

Il monte en courant et entre dans la chambre d'Anatole. Celui-ci dort, sur le dos, la bouche ouverte, en faisant un bruit formidable. Germain est en boule au pied du lit, et ses oreilles bougent quand son maître ronfle trop fort.

—Anatole!

—RRRRRRR!

—Allons, paresseux, debout!

—Hein? Quoi?... Oh patron! que se passe-t-il?

—Il y a eu un vol chez la comtesse.

—La comtesse? Quelle comtesse?

—La comtesse de Vaulyeuse, crétin!° Nous l'avons rencontrée hier, sur le bateau du chirurgien. *crétin!* idiot!

—Oh le bateau! répond bêtement Anatole qui se sent un peu malade.

—Bon. Réveille-toi. Nous allons chez elle; ou plus exactement, tu me conduis avec la jeep et tu reviens m'attendre ici.

—Vous ne voulez pas que je reste? demande Anatole, surpris.

—Non. Après l'enquête je reste à dîner avec la comtesse et... de toute façon elle n'aime pas les chiens.

—Bon, bon, je ne veux pas vous gêner.

Anatole s'habille rapidement et sans rien dire. A voir la grimace qu'il fait, il est certainement très vexé. En sortant de sa chambre il appelle son chien:

—Viens Germain, nous allons conduire "Monsieur le comte"...

Mais Monsieur Maurice ne l'écoute pas. Il est

impatient et voudrait déjà être arrivé. Il s'assoit dans la voiture.

—Allons! Dépêchons-nous!

—Voilà, voilà, on arrive. Elle ne s'envolera pas, votre comtesse!

—Anatole! je ne te permets pas de manquer de respect à cette dame!

—Bien, monsieur le comte, répond Anatole qui démarre sans attendre que son chef se fâche et prend la petite route qui conduit chez la comtesse.

Les cigales chantent dans le soleil, et il y en a tant qu'elles font un bruit énorme. La route tourne au milieu des vignes et des fleurs. Là-bas, la colline descend doucement, de plus en plus bas, jusqu'à la plaine, jusqu'à la mer. Le ciel est trop bleu, sans un nuage.

Le château de la comtesse est une grande maison qui date du dix-huitième siècle. Il est entouré d'un grand parc et, dans les jardins ne poussent que des roses. La voiture passe par un grand portail en fer forgé:

—Ça me rappelle Versailles! dit Anatole. Il a oublié sa mauvaise humeur, mais en s'arrêtant devant l'escalier de pierre, il se souvient que son patron ne veut pas de lui° et la colère le reprend. Il regarde droit devant lui, sans rien dire. Il attend. Monsieur Maurice ne sait pas quoi dire. Il descend de voiture:

ne veut pas de lui, doesn't want him around

—Bon . . . Euh . . . Attends un instant, dit-il.

—Bien, monsieur, répond Anatole comme un chauffeur professionnel.

Monsieur Maurice le regarde et veut dire quelque chose, mais la comtesse sort pour les accueillir. Elle sourit mais ses petits yeux restent fixes.

—Mon cher inspecteur, vous êtes venu si vite! C'est très gentil.

—Mais non; le travail, vous savez . . .

—Si, si, c'est très gentil. Vous avez été très vite, et je sais que c'est un peu pour moi. Merci.

Monsieur Maurice ne sait pas quoi répondre, mais il

pense que cette comtesse est très sympathique et intelligente.

—Invitez votre ami à venir boire un verre avec nous: mais je veux qu'il laisse son chien dans la voiture, continue la comtesse.

—Anatole! appelle Monsieur Maurice en s'approchant de la jeep, viens boire un verre avant de repartir.

Anatole sort de la voiture et se penche pour prendre Germain.

—Non! laisse ton chien dans la voiture; tu ne vas rester que quelques minutes.

—Bien, monsieur, répond Anatole qui est toujours fâché.

La comtesse les conduit dans un salon. Les meubles sont modernes, de style scandinave. Au murs il y a des peintures de Miró.

—Voici le salon Miró, dit-elle en regardant Monsieur Maurice. Je sais que c'est votre peintre préféré.

—Ah! Miró! . . . dit Monsieur Maurice pour dire quelque chose.

—J'ai changé le mobilier° de cette pièce il y a quelques semaines, continue la comtesse. Avant, j'avais ici des meubles Louis XV, mais ils n'allaient pas du tout avec les peintures. Que voulez-vous boire? Je vais vous servir moi-même, ce sera plus simple.

—Un whisky, demande Monsieur Maurice qui décidément, prend de mauvaises habitudes.°

—Un beaujolais, demande Anatole qui a décidé d'être désagréable.

—Un . . . un beaujolais! dit la comtesse, surprise. Euh . . . je vais demander à mon maître d'hôtel.° Un instant, je vous prie. Et la comtesse sort.

—Tu es fou! Tu le fais exprès! Pourquoi demandes-tu un beaujolais?

—Parce que j'aime ça, répond Anatole avec logique.

—Tu sais très bien qu'on ne boit du vin que pendant les repas, chez les gens bien.

mobilier, style de meubles

prend de mauvaises habitudes, is picking up bad habits

maître d'hôtel, (chief) steward

—Quand on invite quelqu'un à boire, on lui offre ce qu'il aime, chez les gens "bien", répond Anatole avec un sourire, car il est très content de lui.

La comtesse revient, elle dit avec son froid sourire habituel:

—Je suis désolée, mais je n'ai plus de beaujolais à la cave.° J'apporte cette bouteille de *Mouton-Rothschild*,° ça ira-t-il?°

—Hum! du bordeaux . . . Ça ira; mais j'aurais préféré du beaujolais.

cave, wine cellar
Mouton-Rothschild, one of France's best wines
ça ira-t-il? will it be all right?

Monsieur Maurice a les yeux qui lui sortent de la tête. Et Anatole évite de le regarder . . . On boit. On parle de tout et de rien. Dès qu'Anatole a fini son verre, Monsieur Maurice lui dit:

—Bon, tu peux partir maintenant.

—Je boirais volontiers un autre verre!

La comtesse sert Anatole, sans rien dire, en souriant.

—Mm, pas mauvais du tout! Puis-je emporter la bouteille?

—Anatole! Sauvage! Fiche le camp° immédiatement! hurle Monsieur Maurice.

fiche le camp, slang for "get out"

—Attendez! dit la comtesse. Elle regarde rapidement par la fenêtre et dit: Vous êtes si pressé? Bon, je ne vous retiens pas. Au revoir, monsieur, je suis contente de voir que vous aimez mon vin.

"Quelle classe! pense Monsieur Maurice, quelle éducation! . . ."

—Oui, il n'est pas mauvais du tout, répond Anatole, mais croyez-moi: rien ne vaut° un bon beaujolais. Au revoir, madame! Et il se sauve avant que son patron ne se fâche pour de bon.°

rien ne vaut, nothing quite equals

pour de bon, vraiment

En montant dans la jeep, il remarque que Germain a un air nerveux, inquiet.

—Tu t'ennuyais, hein? Mon pauvre vieux. Je pensais à toi, mais je buvais du Mouton-Rothschild, un vrai délice, un nectar! . . . Evidemment, je ne l'ai pas dit à cette comtesse, ça lui aurait fait trop plaisir! Et Anatole démarre en sifflant un air joyeux. Il est de très bonne humeur.

Sans se presser, il a tout son temps, il roule lentement en regardant le paysage. Le soleil est chaud et c'est agréable. Il repense à la scène chez la comtesse et sourit en songeant à la colère de Monsieur Maurice. Au-dessous de lui, il voit le village, accroché sur son rocher comme un coquillage.° De la fumée sort d'une cheminée; ce doit être un potier qui allume son four. Entre les pins, parfois, on aperçoit les vieilles murailles qui furent construites sous le roi François Ier.° L'église, qui est très vieille elle aussi, paraît fondre sous le soleil. Plus loin, plus bas dans la plaine, Vence, la "ville" ressemble à un chat dormant au soleil. De chaque côté de la route, les orangers, les cyprès et les fleurs font un décor très coloré et qui sent bon. La route tourne souvent. De temps en temps, à la place de fleurs, il y a une vigne. Et tout le reste n'est que rochers et pierres, arbres et herbes. La jeep va de plus en plus vite. Anatole veut ralentir, car il n'est pas pressé et il veut profiter de sa liberté. Sur le siège, à côté de lui, Germain dort, roulé en boule. Quelle belle journée! Anatole appuie sur le frein. Rien ne se passe. Anatole freine encore, mais non, la voiture ne ralentit pas, au contraire, elle va de plus en plus vite. Les freins sont cassés! La route tourne et tourne encore. La voiture va toujours plus vite. Anatole réveille Germain et le prend sur ses genoux. Plus vite, plus vite. Anatole va essayer de sauter de la voiture aussitôt qu'il verra un champ pour ne pas se faire trop mal. Encore un autre tournant. Là, des vignes! Au lieu de suivre la route, il dirige la jeep dans la vigne et il roule entre les grappes de raisin vert.° Le champ suit la pente de la colline, mais en remontant. Bientôt la jeep s'arrête et Anatole tourne les roues pour qu'elle ne reparte pas en arrière. Ouf! ... Après quelques respirations profondes pour se calmer, Anatole sort du champ, suivi de Germain qui n'a rien

coquillage, shellfish

François Ier, King of France from 1515 to 1547

grappes de raisin vert, clusters of green grapes

compris à tout ça. Un qui sera étonné, c'est le paysan qui trouvera une jeep dans son champ!

Pendant ce temps, la comtesse et Monsieur Maurice, toujours assis dans le salon Miró, bavardent. Ou plutôt, c'est la comtesse qui parle et l'inspecteur qui écoute; une vieille habitude de policier. La comtesse parle de son mari, un homme, un vrai homme comme on n'en voit plus, fier et courageux, qui aimait beaucoup la chasse et qui est mort en Afrique, mangé par un lion . . . Elle dit à Monsieur Maurice qu'il a un métier passionnant, qu'elle a toujours admiré ces policiers qui se servent de leurs muscles et de leurs cerveaux° . . . Et Monsieur Maurice écoute tout ça d'un air ravi . . . La comtesse regarde souvent sa montre. Enfin, elle dit: *cerveau* (ici), intelligence

—Je vous propose d'aller voir les pièces où on m'a volé ces tableaux.

—Volontiers. Après tout, je suis venu ici pour travailler, mais votre compagnie me l'avait fait oublier.

—Je vous en prie, mon cher inspecteur, ne travaillez pas trop et occupez-vous de moi.

—Je vous le promets! répond Monsieur Maurice qui se sent une âme de Casanova . . .

Répondez:

1. Pourquoi est-ce qu'Anatole appelle M. Maurice "Monsieur le comte"?
2. Comment est-ce qu'Anatole est désagréable chez la comtesse?
3. Pensez-vous que les freins ne fonctionnent pas par accident?
4. Pensez-vous que M. Maurice est de mauvaise humeur chez la comtesse?

10 *Une surprise; Anatole a chaud*

GUIDÉ PAR la comtesse, Monsieur Maurice, qui marche comme dans un rêve, visite le chateau.

—Le salon Braque; le salon Léger; voici Matisse; puis le salon Gauguin, puis . . .

La comtesse est un guide merveilleux pour quelqu'un qui aime la peinture, car elle sait beaucoup de choses, elle a connu de nombreux artistes et elle adore l'art.

—J'en suis folle,° admet-elle.

Monsieur Maurice n'aime pas la peinture en général, et tous ces peintres modernes en particulier. Il ne comprend rien, mais il fait semblant d'être passionné et il écoute de toutes ses oreilles.° Il sera bientôt capable de faire la différence entre un Picasso et un Van Gogh!

—Voici un portrait de moi par Magritte, dit la comtesse.

—Mais . . . dit Monsieur Maurice en ouvrant des yeux étonnés, mais c'est un couteau, un poignard!

—Vous savez, ces peintres surréalistes aiment beaucoup faire des plaisanteries, répond-elle en le regardant avec ses yeux froids.

Ils continuent leur visite. Dans chaque pièce il y a quelques chefs-d'oeuvre.

—Votre collection est sensationnelle! s'exclame Monsieur Maurice en pensant à tout l'argent que ça représente.

—Merci, dit la comtesse, je suis contente de voir que vous êtes aussi un amateur, un artiste. Inspecteur, je vous trouve vraiment, mais vraiment sympathique.

—Euh . . . Moi aussi! répond Monsieur Maurice, qui n'est pas très fort pour° dire des compliments.

Ils arrivent sur le toit. Il y a une grande terrasse avec des chaises-longues, des tables et des parasols.

—Quel spectacle que ces collines, n'est-ce pas? C'est merveilleux! dit la comtesse en prenant le bras de Monsieur Maurice et en l'attirant vers le bord.

—Oui, c'est. . . . c'est beau! répond l'inspecteur un peu ému.°

Mais j'y pense, vous ne m'avez pas montré les tableaux volés, je veux dire la pièce où ils étaient.

—C'est vrai, vous n'avez pas tout vu! Mais je voulais vous montrer d'abord cette vue merveilleuse.

J'en suis folle, I'm mad about it

de toutes ses oreilles, attentively

n'est pas très fort pour . . . not very good at . . .

ému, moved

Maintenant, venez, nous descendons.

La comtesse entraîne Monsieur Maurice. Ils descendent par un escalier en colimaçon° comme ceux qu'on voit dans les châteaux forts du Moyen Age.° Deuxième étage, premier étage, rez-de-chaussée,° ils arrivent à la cave. Il fait très sombre, mais la comtesse connaît bien le chemin. Elle prend la main de Monsieur Maurice et murmure:

colimaçon, spiralling
châteaux forts du Moyen Age, Middle Age fortified castles
rez-de-chaussée, ground floor

—Venez, inspecteur, suivez-moi.

—Où m'emmenez-vous? s'inquiète le policier.

—Vous verrez. C'est très intéressant. Venez!

Malgré l'obscurité, Monsieur Maurice devine qu'ils entrent dans différentes pièces. Enfin la comtesse allume une lumière. Ils sont dans une salle basse, froide et humide, au sol de terre dure.° Contre le mur, il y a quelques bicyclettes.

au sol de terre dure, with a hardened earth floor

—Ce sont mes gens qui mettent ici leurs bicyclettes, explique la comtesse.

Ils entrent ensuite dans une petite pièce basse et complètement vide. Dans le mur, voici une petite porte basse. La comtesse prend une clé, la met dans la serrure, ouvre la porte. C'est une porte très épaisse.

—Entrez! dit la comtesse en souriant.

—Mais il fait noir!

—Entrez, l'interrupteur est à l'intérieur.

Monsieur Maurice entre en baissant la tête pour ne pas se cogner. Dans cette pièce il fait frais mais sec. Monsieur Maurice se retourne et, dans le noir, il appelle la comtesse:

—Vous venez?

—Oui! répond la voix lointaine de la comtesse. Voilà la lumière!...

Clic! Monsieur Maurice ferme les yeux, ébloui.° Puis il les ouvre, puis il ouvre la bouche de stupéfaction.

ébloui, dazzled

—Mais... mais... Qu'est-ce que ça veut dire?...

*   *   *

Une surprise; Anatole a chaud

Pendant ce temps, Anatole et Germain sont arrivés au village. Ils vont voir le gendarme et Anatole lui indique où est la voiture. Le gendarme téléphone au mécanicien et, en attendant, il dit à Anatole:

—C'est l'heure du pastis, venez.

Sur la place abritée du soleil par d'épais platanes,° quelques personnes jouent à la pétanque: celui qui perd paie les consommations!°

La pétanque est un jeu de boule qui ne se joue qu'en Provence. On peut jouer sur n'importe quel terrain, avec ou sans caillou, terre ou sable, etc. Le premier joueur (il y a quatre ou six joueurs en deux ou trois équipes) lance une petite boule en bois et, avec des boules en acier plus grosses, il faut se mettre le plus près possible de la petite boule. C'est moins facile qu'il ne paraît.

—Aaaah! dit le gendarme en s'asseyant à la terrasse de son petit café favori, cette heure est la meilleure de la journée, après l'heure de l'apéritif du soir!

—Tout à fait d'accord, répond Anatole. Germain, reste près de moi!

—Alors comme ça, votre patron est chez la comtesse, hein? C'est une drôle celle-là. Je la trouve très bizarre; et vous?

—C'est une sauvage: elle n'aime pas les chiens!

—C'est vrai? Quelle pitié de voir ça!... A votre santé.°

—A la vôtre.

Cet après-midi, Anatole se promène. Il traverse les jardins, il marche parmi les fleurs et les orangers, il s'arrête en haut d'un rocher pour admirer la plaine, il se sent bien, libre, tranquille. Germain court après les papillons et les grillons.° Il saute, il aboie, il va, vient et s'amuse comme un petit fou.

Les voilà dans un bois. De grands pins cachent le soleil parfois et il y a beaucoup de broussailles; la marche est difficile.

abritée du soleil par d'épais platanes, protected from the sun by dense plane trees

consommations, drinks

à votre santé, a toast: "to your health"

papillons et les grillons, butterflies and crickets

—Germain! Reste près de moi! crie Anatole car le petit chien peut courir sous les branches.

Mais, depuis quelque temps, le petit chien ne s'amuse plus. Il sent l'air, il grogne, il tourne en rond et paraît très nerveux.

—Zut! je me suis perdu. Anatole regarde autour de lui, mais il ne voit que des arbres. Germain grogne toujours.

—Quel est ce bruit?... Du calme, Germain, ne fais plus de bruit. Laisse-moi écouter.

On entend des craquements, des sifflements, et un grand ronflement. On dirait un troupeau de taureaux° qui court. Et soudain, ça sent la fumée.

troupeau de taureaux, herd of bulls

—C'est la forêt qui brûle!... Vite, Germain, sauvons-nous!...

Et prenant son petit chien dans ses bras, Anatole se met à courir. Mais le feu va vite, lui aussi et Anatole ne sait pas où il va. S'il ne fait pas attention, il peut tomber dans un trou ou même, jusqu'en bas, dans la plaine, s'il retrouve le rocher de tout à l'heure.° Mais comment faire attention avec ce bruit, cette fumée et cette chaleur?... Anatole court vite, mais le feu court vite lui aussi. Bientôt le feu est partout, devant, derrière et sur les côtés. La fumée fait tousser Anatole et ses yeux pleurent. Germain hurle de toutes ses forces.° Anatole change de direction; le feu!... Par ici, encore le feu!... Par là, toujours le feu. Ils sont entourés.

le rocher de tout à l'heure, the rock (he was near) a few moments ago

de toutes ses forces, with all his might

—Mon pauvre Germain, je crois que nous ne boirons plus beaucoup de beaujolais! dit Anatole en essayant de sourire. Il tombe à genoux; il étouffe et ne voit plus clair. Germain hurle toujours, mais on ne l'entend pas tant le bruit de l'incendie est fort. Le feu ronfle en mangeant les arbres et quand les branches craquent, on croirait des coups de feu.° Au milieu du bruit, Anatole croit entendre des cris.

on croirait des coups de feu, you would think they were (gun) shots

—Serais-je déjà en enfer? murmure-t-il.

Et soudain, broufff! ils reçoivent une douche d'eau,

Une surprise; Anatole a chaud 63

encore une, et une autre!... Anatole se lève et crie:
—Assez! En enfer c'est le feu, pas l'eau! Ce serait trop terrible! Arrêtez immédiatement!
Et voilà que le feu est passé plus loin. Des pompiers sont là, ils emportent Anatole et Germain.
—Pas blessés?
—Je ne crois pas!
—Vous avez de la chance.
—C'est un gros feu?
—Non. Nous l'éteindrons avant ce soir s'il n'y a pas de vent. Nous avons l'habitude, hélas! car il y a plusieurs feux tous les ans.
On ramène l'inspecteur et son chien au village. Justement, le gendarme le cherche; il est tout pâle.
—D'où venez-vous? demande-t-il en voyant Anatole complètement noir.
—D'une petite promenade en forêt. Sans les pompiers, je serais rôti comme un poulet,° maintenant.

rôti comme un poulet, similar to Am. expression: "a cooked duck"

—Eh bien, c'est votre jour de chance!
—Vous trouvez?
—Connaissez-vous les dernières nouvelles?
—Quoi encore?
—Votre jeep était sabotée: on a coupé le câble des freins avec une pince.°

une pince, pair of pliers

—Ça alors!... dit Anatole en s'asseyant à la terrasse d'un café. Garçon! deux pastis!
—Mais ce n'est pas l'heure! proteste le gendarme qui a ses habitudes.
—Oh, pour une fois!...

* * *

Monsieur Maurice ne peut pas croire ce qu'il voit: Une galerie de peintures souterraine! Une galerie très moderne, avec un excellent éclairage et, accrochés aux murs, tous les tableaux volés depuis quelque temps!
—Qu'est-ce que ça veut dire? répète-t-il bêtement.

—Ca veut dire, mon cher inspecteur, que vous êtes un imbécile.

Une surprise; Anatole a chaud

Clac!... Monsieur Maurice se retourne: la porte est fermée...

—Mais qu'est-ce que ça veut dire? hurle-t-il en tapant contre la porte avec les poings.

—Ça veut dire, mon cher inspecteur, que vous êtes un imbécile. La voix sort d'un haut-parleur près de la porte. Ça veut dire que c'est moi, la comtesse de Vaulyeuse, qui suis le voleur de tableaux que vous cherchez. Ça veut dire que je vais me débarrasser de vous: vous aurez une mort splendide, entouré de chefs-d'oeuvre de la peinture mondiale! Ça veut dire que c'est fini pour vous, inspecteur Maurice! Et pour moi la belle vie de collectionneuse de tableaux célèbres continue!...

—De voleuse de tableaux célèbres.

—Si vous voulez. Et...

—Anatole me délivrera!

—Votre ami Anatole a peu de chance de vous secourir: ou bien il est mort dans un accident de voiture, ou bien il est brûlé dans un incendie de forêt.

—Vous êtes une crapule!°   *crapule*, bandit

—N'est-ce pas?... Je vais vous faire une autre confidence, mon cher inspecteur: comtesse de Vaulyeuse n'est même pas mon vrai nom.

Alors Monsieur Maurice sent vraiment qu'il a perdu.

Répondez:

1. Qu'est-ce qui arrive dans la forêt où Anatole et Germain se promènent?
2. Qui les sauve?
3. En rentrant au village Anatole apprend qu'il avait de la chance deux fois cette journée. Comment?
4. Où se trouve M. Maurice en ce moment?

11 Les histoires de Paulot

MALGRÉ LA JOURNÉE fatigante qui vient de finir, Anatole n'a pas sommeil. Il est fatigué, bien sûr, mais il ne peut pas dormir. Le patron du petit restaurant où il a dîné ce soir avait peut-être raison:

—Manger de l'aïoli, ça endort à midi, et ça réveille le soir!

Anatole ne l'a pas écouté. Il a mangé tout un plat° d'aïoli, et maintenant il ne peut plus dormir.

L'aïoli est un plat provençal. C'est un plat composé de morue salée,° de pommes de terre cuites à l'eau,° de petits escargots de mer,° de pois chiches,° de carottes, etc.... qu'on mange avec une sauce, et c'est l'aïoli, qui est une sorte de mayonnaise avec beaucoup d'ail.° C'est très bon mais lourd à digérer; et cette morue salée, ça donne soif!...

Anatole sort de sa chambre et va se promener dans les rues sombres du village. Sur la place, il s'assoit à la terrasse d'un bar et il commande un verre de vin rosé pour lui et un verre d'eau pour Germain qui est assis, très sage et un peu endormi, près de sa chaise.

—Ah! dit Anatole en buvant une gorgée, c'est aussi bon que le beaujolais, n'est-ce pas, Germain?

Là-bas, au milieu de la place, des fanatiques jouent encore à la pétanque, à peine éclairés par un réverbère. Les cigales chantent toujours. La chaleur de la journée monte du sol. C'est la pleine lune. Anatole s'ennuie.

Anatole s'ennuie et il a le cafard et le mal du pays.° Il regrette° Paris, le bar des "Bons Copains" et ses habitudes. Mais surtout, il n'est pas content parce que Monsieur Maurice l'a laissé seul.

—Quand il a besoin de moi, il est content de me trouver, mais parce qu'une comtesse à la noix° lui fait de grands sourires, c'est fini, monsieur ne connaît plus ses amis, monsieur ne parle plus à son associé,

tout un plat, a plateful

morue salée, salted cod
pommes de terre cuites à l'eau, boiled potatoes
escargots de mer, sea snails
pois chiches, chick peas
ail, garlic

avoir le cafard et le mal du pays, to feel low and homesick
regretter, to miss

à la noix, half-baked (fake)

monsieur joue au grand seigneur° ... Et il me laisse seul ici, dans ce pays où je ne connais personne. Ah! Germain, comme nous serions bien aux "Bons Copains", n'est-ce pas?

joue au grand seigneur, plays the role of a great lord

Et Germain remue la queue pour dire: Oui.

Les joueurs de pétanque ne sont pas d'accord: Quelle est la gagnante?° Ils mesurent, parlent fort, font de grands gestes; c'est aussi important qu'un match de football, vous savez...

Quelle (boule)... gagnante? Which is the winner?

Puis on voit les pompiers qui reviennent de la forêt après avoir éteint le feu.

—Mais c'est vrai! s'exlame Anatole qui avait oublié, nous avons failli° cuire comme des poulets, cet après-midi! Comme des poulets!... Garçon, un autre verre, s'il vous plaît.

faillir... verbe, almost, just missed being

Et Germain remue la queue pour dire: Ça, c'est une bonne idée.

Après avoir fini son verre de vin rosé, Anatole commence à se dire des histoires et à croire que c'est lui qui a éteint le feu. Hélas! Il n'y a personne à qui raconter ça, personne, pas un copain, pas un ami.

Soudain, il entend une voix qu'il connaît bien qui dit:

—Ça alors! Incroyable! Pas possible! C'est lui!...

Et Germain remue la queue pour dire: Tiens, voilà un ami.

Anatole lève les yeux. Devant lui est un homme sale, mal habillé, pas rasé et souriant. Avec un petit ventre rond, un gros nez et des yeux malins, pas d'erreur possible, c'est lui:

—Paulot!

—Eh oui, c'est moi, Paulot-le-clochard.

—Mais que fais-tu ici?

Je... Euh, je t'expliquerai plus tard. Et toi?

Paulot s'assoit à la table de son ami Anatole, appelle le garçon, commande une bouteille de vin rosé sans intention de la payer, boit un verre et dit:

—Ah! c'est délicieux. Bon, je t'écoute, mon vieux.

Anatole lui raconte toute l'histoire: les tableaux volés, les musées, les nombreux accidents, la soirée sur le bateau et enfin, la comtesse et Monsieur Maurice.

—C'est vrai, je me demandais où était ton patron; c'est rare de te voir sans lui.

—Oui, il fait le joli coeur° chez la comtesse Machintruc!° dit Anatole avec dédain. Mais toi, raconte-moi, que fais-tu à Saint-Paul?

—Moi? Oh moi!... Euh, je suis venu ici pour ... pour me reposer.

—Paulot! Tu ne me dis pas la vérité. As-tu fait une bêtise?

Paulot rougit un peu sous sa barbe mal rasée. Il se gratte derrière l'oreille et dit:

—Non, pas exactement. C'est encore une histoire de chien.

—De chien?

—Tu te souviens de mon petit commerce: je prend un chien qui appartient à quelqu'un de riche et, quelques jours plus tard, je le rapporte en disant que je l'ai trouvé dans la rue; on me donne une récompense et ...

—Oui, je me souviens maintenant; mais je n'appelle pas ça un commerce!

—Bon, bon. Depuis un mois je suis à Nice. Les affaires marchent bien,° il y a beaucoup de touristes, beaucoup de chiens, c'est parfait.

—Mais alors pourquoi es-tu venu ici?

—Attends un peu. Donc les vacances se passaient très bien. Un jour, en passant devant un bar, je vois un très joli petit chien qui, c'était évident, était perdu ou presque... Je le prends avec moi. Sur son collier je vois une plaque avec son adresse. Bon. Je voulais attendre quelques jours avant de le rendre à son propriétaire, mais la sale bête a hurlé toute la nuit!

Le lendemain, je lis une petite annonce à propos de ce chien. Il fallait téléphoner. C'est un homme qui me répond et qui me donne rendez-vous à la "Goëlette", tu connais?

faire le joli coeur playing the gallant

Machintruc, slang for "that so-and-so thing"

les affaires marchent bien, business is good

—Non, répond Anatole.
—Oh, mon vieux! c'est un bar formidable! Il est sur le quai du port de plaisance,° tu ne peux pas te tromper. Le patron est un ange: il te sert même si tu n'as pas d'argent et il te dit: "tu me paieras plus tard, quand tu seras riche". C'est formidable, non? Et . . .

port de plaisance, harbor for pleasure boats

—Et le chien?
—Ah oui! . . . Alors je vais à la "Goèlette", assez intrigué parce que d'habitude les gens sont pressés de revoir leur chien et ne font pas de mystère. Je me souviens d'une . . .
—Vas-tu finir ton histoire de chien? insiste Anatole en emplissant leurs verres.
—Oui. Donc, dans le bar, je rencontre un homme très poli, bien habillé, l'air riche, qui m'offre à boire. Quelqu'un de bien,° quoi. Il me demande comment est le chien que j'ai trouvé pour être sûr que c'est le sien. Puis il me dit:

quelqu'un de bien, une bonne personne

—Combien voulez-vous pour le garder?
—Que voulez-vous dire, pour le garder?
—Pour le garder. Vous en ferez ce que vous voudrez.
—Mais pourquoi ne le voulez-vous pas?
—Parce que c'est une horrible bestiole, capricieuse et gâtée. C'est ma femme la coupable, elle ne pense qu'à cet animal, elle ne vit que pour lui et je subis° tout ça . . . Alors quand ce chien a disparu, vous pensez si j'étais content! C'est pourquoi je vous donne ce que vous voulez pour le garder.

subir, to put up with

—Mais . . . que fais-je en faire?
—Ce que vous voulez: gardez-le, vendez-le, faites-en du pâté, ça m'est égal. Il est à vous.
—Et votre femme?
—C'est mon affaire . . .
Anatole est très intéressé maintenant:
—Alors, qu'as-tu fait?
—Eh bien, j'avais un grave problème moral à résoudre: je ne pouvais pas garder ce chien, je ne

voulais pas en faire du pâté, et j'avais besoin d'argent...
—Alors?
—Alors, j'ai pris l'argent de ce monsieur et...
—Et?
—Et grâce à l'adresse qui était sur le collier, j'ai rendu le chien à sa femme qui était très contente et qui m'a donné une petite récompense...
—Oh! Ce n'est pas très honnête! remarque Anatole choqué.
—Que voulais-tu faire? Je ne pouvais pas le tuer, ce chien, non? Et s'il avait traîné dans les rues, un autre l'aurait ramené; autant que...
—D'accord, d'accord, mais pourquoi avoir pris l'argent de la femme après l'argent du mari?
—Ça, si tu avais vu comme elle a insisté!...
—Et pourquoi es-tu venu ici?
—Euh... Son mari n'était pas très content d'avoir perdu de l'argent et d'avoir toujours le chien. Il a porté plainte° ... Je suis donc venu visiter la région; c'est très pratique de n'avoir pas d'adresse, parfois!

porter plainte, to bring a legal charge against someone

—Sacré Paulot! Tu ne changeras jamais.
—Trop tard, je suis trop vieux, répond Paulot avec un grand rire.

Les deux amis boivent encore un verre avant de se séparer. Ils se promettent de se retrouver ici, dans ce même bar.

—Si le patron ne me donne rien à faire, précise Anatole.
—D'accord; à demain midi.
—Pas demain, aujourd'hui: il est une heure du matin.
—Oui, messieurs, dit le patron du bar en s'approchant. Je dois fermer, c'est l'heure réglementaire.

Répondez:
1. Pourquoi est-ce qu'Anatole est si triste?
2. Comment est-ce que Paulot gagne de l'argent?
3. Pourquoi vient-il à Saint-Paul-de-Vence?

12 Où est Monsieur Maurice?

ANATOLE ET GERMAIN ont dormi jusqu'à dix heures trente ce matin: Monsieur Maurice n'est pas là et ils en profitent. C'est si agréable de se lever sans se presser, calmement, en silence, sans entendre quelqu'un crier alors qu'on rêve encore.

"Au fait, où est-il Monsieur Maurice? pense Anatole en se préparant. Il doit bien s'amuser pour n'être pas encore rentré. Quand même, pour un homme qui a tant de conscience professionnelle d'habitude, il exagère!..."

—Qu'en penses-tu, Germain?

Le petit chien remue la queue, ce qui peut vouloir dire n'importe quoi.

En sortant de l'hôtel Anatole rencontre le gendarme qui lui dit avec un grand sourire:

—Bonjour, monsieur Ampoulay, comment allez-vous? Encore une belle journée, aujourd'hui. Votre petit chien est incroyable. Je venais vous voir justement. Votre chef n'est pas là?

"Il parle à une vitesse incroyable!" pense Anatole, qui répond:

—Bonjour. Très bien, merci. Non, il n'est pas là. Il est allé chez la comtesse de Vaulyeuse hier soir, et il n'est pas encore rentré.

—Ah! ah! je crois qu'il a beaucoup plu à la comtesse.° Sacrés Parisiens!... Et votre enquête?

—Ça avance, répond Anatole sans rougir.

—Très bien, tenez-moi au courant.° Au revoir . . .

Anatole descend une petite rue jusqu'à la place. Les maisons serrées les unes contre les autres font de l'ombre et la rue est fraîche. Ça tourne et ça descend et ça rappelle un peu les rues du Moyen Age. Les artistes et les artisans qui forment une grande partie de la population travaillent depuis longtemps déjà. Anatole s'arrête devant la boutique d'un potier. Il aime voir

il a beaucoup plu à la comtesse, the countess really look a liking to him

tenez-moi au courant, keep me posted on the latest developments

un petit tas de boue informe° qui tourne, tourne et se transforme en un beau vase grâce aux doigts magiques du potier.

un petit tas de boue informe, a shapeless little pile of mud

—Bonjour! dit Anatole avec un grand sourire.
—Bonjour, répond le potier en arrêtant son travail. Comment allez-vous ce matin?
—Très bien, merci. Et vous?
—Ça va bien. J'ai les doigts en forme° aujourd'hui. Dites-moi, continue le potier après quelques instants d'hésitation, est-ce vrai que vous êtes l'ami de Paulot?

avoir les doigts en forme, (my) fingers are in good shape (working at their best)

—C'est mon meilleur ami. Pourquoi?
—Il nous a souvent répété qu'il a un ami policier, mais personne ne voulait le croire . . .
—Eh bien! c'est vrai.
—Ça alors, ce Paulot c'est quelqu'un d'extraordinaire!
—Il est très gentil.
—Et amusant.
—Et toujours prêt à rendre service.°

toujours prêt à rendre service, always ready to do a favor

Et blablabla, et blablabla . . . Anatole a trouvé quelqu'un qui aime bien parler; il en profite: blablabla . . . blablabla . . . Et quand ils cessent de bavarder le potier doit jeter son pot sans le finir, car la terre est sèche et dure maintenant!

Anatole continue à descendre la rue. Il va sans dire que Germain est toujours sur ses talons,° se grattant, s'ennuyant et bayant aux corneilles.° Voici la place du village. Entre les platanes, il y a toujours des joueurs de pétanque qui, sans s'occuper de l'heure, du jour ou de la nuit, jettent leurs boules brillantes avec art.

toujours sur ses talons, always at his heels
bayant aux corneilles, stand gaping

En passant devant la terrasse du bar "Le Grand Café", Anatole voit Paulot assis à une table en compagnie d'une dame de soixante ans environ qui est habillé comme une jeune femme de trente ans, ce qui la rend très ridicule. Anatole pense qu'il a donné rendez-vous à Paulot ailleurs et il s'approche avec discrétion.

—Je ne sais pas comment vous remercier, dit la dame à Paulot, je ne vivais plus depuis trois jours!

—Je vous comprends, répond Paulot, il est si doux, si gentil.

—N'est-ce pas?

—Je crois qu'il va me manquer.° *il va me manquer*, I will miss him

—Ça ne m'étonne pas: ce petit chien est un trésor. Et si intelligent!

—Oh oui!

—Je vois que vous n'êtes pas très riche, dit la dame. Je ne veux pas vous vexer, mais puis-je vous donner un peu d'argent, comme récompense?...

—Oh! je ne sais pas si je dois accepter! répond Paulot en souriant poliment.

—Bon. Je n'insiste pas. Encore merci et au revoir! Et ramassant un petit chien qui était sous la table, la dame s'en va, pendant que Paulot reste là, la bouche ouverte, en colère et déçu: il voulait qu'elle insiste!

—Ah! ah! ah! rit Anatole en s'asseyant à la place de la dame. Tu t'es bien fait avoir,° mon pauvre vieux! *tu t'ae bien fait avoir*, you've been had (beaten at your own game)

—Non, je ne me suis pas fait avoir! répond Paulot qui n'a pas envie de plaisanter. Ce petit chien mangeait comme quatre:° j'aurais payé pour ne plus avoir ce chien! *comme 4*, comme 4 (chiens)

—Bien sûr, dit Anatole qui ne veut pas fâcher son ami. J'ai soif. M'offres-tu à boire?

—Oui, oui... Paulot est encore mécontent d'avoir perdu une bonne affaire. Mais ce n'est pas un homme à rester sur une défaite:° attention au prochain chien qui passera près de lui! *rester sur une défaite*, to dwell upon a failure

Le garçon du bar leur sert un verre de vin rosé à chacun. Les deux amis boivent lentement pour bien profiter du goût. Germain a trouvé un ami. C'est un chien de Paris, un touriste lui aussi, et qui n'a rien à craindre de Paulot: il est énorme et ses dents sont longues!

Paulot pousse un soupir et demande:

—Et Monsieur Maurice, il n'est pas rentré de chez la comtesse?

—Non, pas encore.

—Tu ne trouves pas que c'est bizarre?

Anatole n'a pas le temps de répondre. Une lourde main tombe sur son épaule et une voix connue s'écrie:

—Ça alors! Pas croyable! Comme le monde est petit! Mais c'est un vrai miracle de se rencontrer ici!... Comment, vous ne me reconnaissez pas?... Mais si, souvenez-vous, Marius Lagarde!... Et ce grand bavard s'assoit sans attendre la réponse d'Anatole. Il tend la main à Paulot avec un grand sourire.

—Marius Lagarde, de Marseille, représentant de commerce, enchanté!

—Euh... Dit Paulot, un peu surpris, euh, Paul Beaufort, de Paris, en touriste!

Anatole avait oublié que Paulot s'appelait autrement que "Paulot"!

—Alors, comme ça, vous êtes en vacances dans notre beau pays.

—Oui, répond Paulot en jouant le touriste blasé... Paris est une ville très fatigante et un peu de repos est nécessaire après une année passée dans une grande ville.

—Moi, je m'amuse bien à Paris, dit Marius. J'y monte trois ou quatre fois dans l'année et alors, là, j'en profite!

—N'y a-t-il pas de divertissements à Marseille?

—Oui, mais c'est différent. La province, c'est toujours la province quand il s'agit de s'amuser.

—Et que vendez-vous?

—Des eaux minérales.

—Berk! font, en même temps, Paulot et Anatole.

—Ah! ah! ah! ce n'est pas parce que j'en vends que j'en bois!

—Empoisonneur!° dit Paulot en riant.

—Mais non, c'est très bon l'eau minérale... quand on est malade!

—Ça vous fait mourir plus vite!

Anatole profite de l'occasion pour commander une

empoisonneur, celui qui donne du poison à quelqu'un

autre bouteille. Après avoir vidé son verre Marius lui demande:
—Et vous, en vacances aussi?
—Oui et non.
—Pendant que son patron est absent, il s'offre un repos bien mérité, explique Paulot.
—Votre patron, c'est l'homme qui vous accompagnait dans le train?
—Oui, c'est lui.
—Je ne sais pas si vous le connaissez, dit Marius à Paulot, mais il m'a semblé un peu "fada".
—Ah oui? j'avais surtout remarqué son manque d'humour. Expliquez-vous.
—D'abord, il n'aime pas parler. Je me méfie des gens qui n'aime pas parler. Ensuite, il n'a pas ri ou souri pendant tout le voyage, même quand je racontais des histoires drôles. Tout le monde rit quand je raconte des histoires drôles. Enfin, il a demandé à son ami du café, c'était du vin, je n'ai pas très bien compris d'ailleurs...
—Ah oui! dit Anatole, je me souviens d'une histoire de vin et de café, mais ce n'est pas très clair pour moi non plus...
—Moi qui voyage beaucoup, je peux le dire, continue Marius pour conclure, on voit des gens bizarres partout.
—J'aimerais savoir où il est, dit Anatole.
—Oui, où est-il? demande Marius, curieux.
—Chez la comtesse, lui répond Paulot.
—Quelle comtesse?
—C'est trop long à vous raconter... Anatole, j'ai une idée: Allons voir la comtesse.
—Oh! si Monsieur Maurice est là, il ne sera pas content d'être dérangé.
—Tant pis pour lui, il n'avait qu'à donner de ses nouvelles.°

n'avait qu'à donner de ses nouvelles, all he had to do was send some word

—D'accord. On y va?
—Allons-y!
Et brusquement les deux amis partent, sans même

dire au revoir à Marius Lagarde qui se trouve seul à la table, avec une bouteille de vin à payer, et qui répète lentement:

—Quelle comtesse?...

Germain, à qui personne n'en dit jamais rien, rattrape son maître en courant et tous les trois montent vers le château de la comtesse.

Répondez:

1. Quel est le travail d'un potier?
2. D'habitude, c'est normal pour un clochard d'avoir un ami policier?
3. Paulot est en colère quand la dame part avec son petit chien. Qu'est-ce qu'il attendait?
4. Qu'est-ce que Marius Lagarde pense de M. Maurice?

13 *Encore la comtesse*

QUE DEVIENT Monsieur Maurice pendant ce temps?

Enfermé dans cette cave qui est sinistre malgré toutes les peintures qui la décorent, il a commencé par désespérer. "C'est bien fini, pensait-il, je ne peux rien faire et cet idiot d'Anatole va me chercher partout, sauf où je suis!..." Mais son moral est bientôt revenu et il commence à visiter sa prison. "On ne sait jamais... Tant qu'il y a de la vie, il y a de l'espoir... Ah! une porte... certainement fermée... Non, elle s'ouvre! Est-ce que?..."

Hélas! ce n'est pas la liberté. Derrière cette porte il n'y a qu'une autre cave, un cellier rempli de bouteilles poussiéreuses. Monsieur Maurice allume la lampe. Il cherche rapidement dans toute la pièce qui n'est pas grande. Rien. Pas une ouverture. Pas un outil. Pas même un petit bout de fer pour servir d'arme. Il pourrait casser une bouteille, oui, mais l'odeur du vin se répandrait partout...

Alors il rentre dans la galerie secrète de la comtesse et il commence à regarder les tableaux volés. Non, vraiment, il n'aime pas la peinture moderne. Tous ces chefs-d'oeuvre lui donnent le mal de mer!° "Ils ne savent même pas dessiner, pense-t-il. Et c'est pour ça que je vais mourir! Pour ces horribles trucs! C'est trop bête, ce n'est pas possible . . . Maudits tableaux!"

lui donnent le mal de mer, make him seasick (dizzy)

Il a très envie de les déchirer, de les écraser, de les couper en petits morceaux. Voilà une belle vengeance! "Plus de tableaux, comtesse, plus de chefs-d'oeuvre . . . Ah! ah! vous serez bien embêtée, n'est-ce pas? Tous ces vols, tout ce travail pour rien . . . Je vois la tête qu'elle fera,° la comtesse Machin chouette,° quand elle verra tous ses petits tableaux adorés écrasés, en petits morceaux, en petits morceaux! . . . Voyons, par lequel vais-je commencer?"

la tête qu'elle fera, the expression on her face
Machin chouette, screechowl so-and-so

Monsieur Maurice s'approche, un étrange sourire sur les lèvres. Là, un splendide portrait de femme par Modigliani. Monsieur Maurice s'approche encore, il tend les mains. Sur le tableaux, la femme le regarde avec ses grands yeux vides et bleus. C'est peut-être pour ça que Monsieur Maurice hésite et il choisit, juste à côté, une aquarelle surréaliste de Salvador Dali.

Aussitôt que ses doigts touchent le bord du tableau, il entend une sonnerie lointaine. Il s'arrête. Qu'est-ce que cela veut dire? Puis il entend la voix sèche et dure de la comtesse dans le haut-parleur:

—Que faites-vous, inspecteur? Pourquoi touchez-vous à mes tableaux?

—*Vos* tableaux! Toutes ces peintures que vous avez volées, vous les appelez *vos* tableaux! Toutes ces horreurs, *vos* tableaux! Non. Ils ne sont pas à vous et bientôt ils ne seront à personne! . . . Monsieur Maurice hurle tellement il est en colère.

—Que voulez-vous dire? demande la comtesse d'une voix inquiète.

—Je veux dire que je vais détruire *vos* tableaux. Tous!

Il ne restera rien de tout ça et vous aurez perdu votre temps; vous n'aurez plus rien. Et plus rien à voler non plus: vous les avez déjà tous pris!... Que pensez-vous de mon idée, excellente, n'est-ce pas?

Un long silence. Comme si la comtesse cherchait un moyen d'éviter la menace du policier.

—Eh bien? continue Monsieur Maurice, mon idée vous plaît-elle? Pour vous consoler, pensez que personne d'autre ne verra ces tableaux, plus personne, jamais! Ah! ah! ah!...

—Mon ami, dit la comtesse, vous êtes un idiot.

—Comment?

—Comment pouvez-vous croire que moi, la plus grande voleuse de tous les temps, moi que n'arrête aucun système de sécurité, je laisserais mes tableaux sans protection? Vous êtes bien naïf!... Vous ne pouvez rien contre moi, inspecteur Maurice. C'est fini pour vous, bien fini, il n'y a plus rien à faire: même la vengeance vous est interdite! Ah! ah! C'est moi qui ris, inspecteur, ah! ah! ah! Essayez de toucher à un tableau, juste par curiosité. Allez!

Fou de rage, Monsieur Maurice saute sur l'aquarelle de Dali. Mais il saute vite en arrière, et c'est de douleur qu'il hurle maintenant: en touchant le bord du tableau, il a reçu une forte décharge électrique.

—Ah! ah! ah! rit la comtesse, amusez-vous bien, monsieur l'inspecteur! et sa voix n'est pas du tout amicale.

Monsieur Maurice ne peut plus se retenir: il faut qu'il casse quelque chose. Il court dans le cellier, et crac! il casse la première bouteille qu'il attrape. Crac! encore une!... Il veut en casser encore une mais l'odeur du vin l'arrête: il déteste cette odeur-là. Un peu calmé quand même, il s'assoit par terre, le dos au mur. Il prend sa tête dans ses mains et il murmure:

—Réfléchissons. Il y a certainement un moyen de sortir d'ici. Certainement, certainement. Il faut réfléchir calmement.

Cependant, Anatole, Paulot et Germain arrivent au château de la comtesse. Il faisait très chaud sur le chemin. Il y avait le soleil et la poussière: les deux amis ont très soif; Germain tire une langue longue comme ça!

A la porte du château un homme grand, gros et avec un air méchant sur son visage, leur demande:

—Que voulez-vous?

—Je veux voir la comtesse de Vaulyeuse, répond Anatole. Inspecteur de police Ampoulay, je veux lui parler.

—Inspecteur de police, hein?... Et lui? demande l'homme en regardant Paulot.

—Mon collaborateur.° *collaborateur* (ici), assistant

—Bon. Entrez dans ce salon et tenez votre chien. La comtesse n'aime pas les chiens. Et l'homme s'en va en fermant la porte du salon. Un beau salon, avec des meubles très jolis.

—Style Louis XV, dit Paulot en regardant autour de lui.

—Tu connais les styles de meubles, toi?

—Un peu... Celui-là est un faux, mais il est très bien imité.

—Où as-tu appris tout ça? demande Anatole qui est très étonné par la science de son ami.

—Oh! j'ai travaillé avec un artisan autrefois, un faussaire°... *faussaire*, ici, celui qui construit des imitations et les vend comme des authentiques

—Je vois!

Germain fait un petit tour dans la pièce, regarde sous tous les meubles et, après réflexion, il va se coucher en boule dans le fauteuil Louis XV. Il s'endort presque immédiatement.

—Quelque chose m'inquiète, dit Paulot. J'ai déjà vu l'homme qui nous a reçus. Mais où?...

Quand la comtesse apprend qui vient la voir, elle est d'abord surprise; puis elle se frotte les mains de satisfaction:

—L'imbécile! il vient se jeter dans le piège, la tête la première!° ... Décidément, ces policiers sont moins forts° qu'on le dit. Est-il seul?

la tête la première, head first
fort, (here) clever

—Non, madame.
—Qui l'accompagne?
—Une sorte de vagabond, et un chien.
—Je connais le chien. Mais qui est ce vagabond?

La comtesse entre dans le salon avec un grand sourire sur ses lèvres minces:

—Bonjour, bonjour, cher monsieur l'inspecteur! A quoi dois-je le plaisir de votre visite?

Mais avant qu'Anatole réponde, elle pousse un grand cri:

—Ah! quelle horreur! Enlevez-le, enlevez-le tout de suite!

—Quoi? Quoi?
—Ce sale chien! il va abîmer mon beau fauteuil!

Anatole réveille Germain et il le prend sur ses genoux pendant que Paulot, très à son aise comme s'il avait toujours vécu dans un château, dit à la comtesse:

—Inutile de faire tant d'histoires;° c'est un faux, vous savez.

inutile de faire tant d'histoires, useless to make such a fuss

—Un faux? répète la comtesse en regardant Paulot avec attention, vous en êtes sûr?

—Oui, certain.
—Bravo! Je savais qu'il était faux, mais il y a peu de gens capables de s'en apercevoir. Qui êtes-vous?
—Un ami de l'inspecteur.
—Policier, vous aussi?
—Non, non, pas du tout!
—Un expert, alors? demande la comtesse en pensant que, pour un expert, il est bien mal habillé.
—Madame, dit Anatole, qui ne veut pas rester là longtemps, je viens pour vous demander des renseignements. Je n'ai pas de nouvelles de mon chef, l'inspecteur Maurice, depuis longtemps déjà et je m'inquiète. La

dernière fois que je l'ai vu, il allait chez vous. Où est-il, maintenant?

—Voulez-vous boire quelque chose? demande la comtesse au lieu de répondre. Je n'ai pas de vin, mais si vous voulez du whisky . . .

—Volontiers! dit Paulot, et Anatole accepte en silence.

La comtesse appelle et un valet vient les servir. En le voyant, Paulot a un air inquiet. Après quelques minutes la comtesse demande:

—Voyons, que voulez-vous savoir exactement?

—Où est Monsieur Maurice?

—Je ne sais pas du tout. Mais posez-moi des questions précises, je pourrais peut-être mieux vous renseigner.

—Quand est-il parti?

—Attendez . . . La comtesse réfléchit. Je ne porte jamais de montre, aussi je ne peux pas vous dire l'heure de son départ à la minute près, mais je pense qu'il est parti tard, vers le matin. Disons trois heures.

—Trois heures du matin! Il devrait être rentré.

—Je dois vous dire que l'inspecteur Maurice était un peu . . . enfin, un peu . . . vous voyez ce que je veux dire.

—Il avait trop bu? demande Paulot.

—Je crois. Je suis certaine que c'est parce qu'il n'a pas l'habitude de boire du whisky.

—Et depuis trois heures, vous ne l'avez plus revu?

—Non.

—C'est inquiétant . . . Mais nous n'allons pas vous déranger plus longtemps, madame, dit Paulot pendant qu'Anatole le regarde, surpris.

—Ne voulez-vous pas rester encore un peu? Je voulais vous faire visiter le château; j'ai des meubles anciens, splendides et . . . authentiques! dit la comtesse en souriant gentiment.

—Eh bien . . . dit Anatole le curieux, qui aimerait visiter cette belle maison.

—C'est impossible! dit Paulot, je regrette, mais nous devons partir.

—Pourquoi si vite?

—Nous avons rendez-vous avec le brigadier de gendarmerie, explique Paulot; il voulait nous voir ce matin, mais nous n'avions pas le temps.

—Sait-il que vous êtes ici?

—Oui, ment Paulot.

Anatole cherche dans sa mémoire, mais il ne se souvient pas d'un rendez-vous avec le brigadier.

—Tant pis, c'est dommage.

—Oui, vraiment dommage! Au revoir, madame la comtesse.

—Au revoir, madame; merci pour les renseignements, dit Anatole en posant son chien par terre.

—Je vous en prie!

—Viens Germain, nous partons.

Et pendant que les deux hommes et le petit chien quittent le parc qui entoure le château, la comtesse, cachée derrière un rideau, les regarde partir. Elle est furieuse et elle murmure entre ses dents:

—Vous avez de la chance d'avoir rendez-vous avec ce gendarme de malheur.° Sinon vous ne seriez pas repartis vivants d'ici, maudits curieux!... Mais mon tour viendra; je sais attendre. Vous aurez bientôt rendez-vous avec moi, votre dernier rendez-vous...

ce gendarme de malheur, that blasted gendarme

Le soleil est toujours aussi chaud, la poussière toujours aussi sèche. Nos amis marchent sans parler. Germain tire déjà la langue et pense que c'est une vraie vie de chien: marcher, toujours marcher! Vive les voitures, vive le progrès! Personne n'est intéressé par le magnifique spectacle des collines qui, lentement, descendent jusqu'à l'horizon. Là-bas, très loin, on croit voir la mer. Enfin, Anatole ouvre la bouche:

vive le... long live (thank goodness for...)

—Je ne comprends pas.

—Qu'est-ce que tu ne comprends pas?

—La comtesse a menti: elle a dit que Monsieur Maurice avait bu trop de whisky, et je sais qu'il déteste ça; et toi, tu as menti en parlant de ce rendez-vous que nous n'avons pas.

—La comtesse a menti parce qu'elle a quelque chose à cacher. Je ne sais pas encore quoi, mais je suis sûr qu'elle a fait quelque chose de mal. Moi, j'ai menti parce que je ne voulais pas rester là après avoir reconnu le valet qui est venu nous servir à boire.

—Tu le connais?

—Un peu; je l'ai rencontré en prison. Moi c'était pour vagabondage, lui, c'était pour meurtre°... *meutre,* murder

Corrigez:

1. M. Maurice va se venger. Il a envie de voler tous ces tableaux et les garder pour lui-même.
2. Mais la comtesse l'empêche; elle lui envoie un de ses hommes.
3. Anatole, Germain et Paulot vont chez la comtesse en voiture.
4. Paulot a menti à la comtesse parce qu'il sait que le valet est un policier.
5. A la fin la comtesse est furieuse de voir les deux hommes repartir sans avoir vu tout son beau château.

14 *Paulot passe à l'action*

ANATOLE RÉFLÉCHIT pendant quelques minutes à ce que vient de dire Paulot. Ses petits yeux sont presque fermés. Il dit enfin:

—Crois-tu que la comtesse le sait?

—J'en suis presque certain, car c'est aussi en prison que j'ai rencontré l'homme qui nous a ouvert la porte ... Sur trois personnes que nous avons vues dans ce château, deux° sont des bandits. *sur trois... deux,* two out of three

—Donc il est probable que la troisième ... continue Anatole. Tu dois avoir raison. Mais alors, Monsieur Maurice est en danger!

—C'est très possible.

Anatole s'arrête à l'ombre d'un pin. Il a la bouche

sèche et pleine de poussière. Il s'assoit sur une grosse pierre et dit:

—Paulot, il faut faire quelque chose! Il est peut-être déjà mort!

—Peut-être, admet Paulot tranquillement. Mais que faire?

Germain, très content parce qu'on s'est enfin arrêté, vient se frotter contre les jambes de son maître. Mais son maître ne pense pas à lui; il réfléchit. Il ne sait pas quoi faire. Il répète tristement:

—Il faut faire quelque chose . . . Je vais prévenir le brigadier!

—Non! c'est exactement ce qu'il ne faut pas faire!

—Pourquoi?

—Parce que, si ton ami Maurice est encore vivant, c'est le meilleur moyen de le faire mourir. Dès que la comtesse verra les gendarmes, elle le tuera avant de s'enfuir.

—Tu as raison . . . Mais il faut faire quelque chose, pourtant! répète encore Anatole.

—Descendons jusqu'au village, répond Paulot. Je crois que j'ai une idée.

—Laquelle? Laquelle? demande Anatole, plein d'espoir.

—Non, laisse moi réfléchir un peu. Ce n'est qu'une idée, et peut-être irréalisable.

Ils repartent tous les trois. Paulot pense, Anatole s'inquiète et Germain n'est pas content parce que les pierres du chemin, dures et brûlantes, lui font mal aux pattes . . .

Lorsqu'ils arrivent au village, c'est l'heure de jouer aux boules, l'heure de l'apéritif, l'heure de la détente. Un artiste, un de ceux qui vivent au village toute l'année, vient de terminer une peinture qui lui a donné beaucoup de difficulté. Il est content de l'avoir finie, et tout le monde est content avec lui. Assis à la terrasse du "Grand Café", il est entouré par ses amis. On le félicite, on le congratule, on admire son oeuvre qu'on peut aller voir dans son atelier . . . Soudain, le peintre se lève, grand, barbu et chevelu°. Il crie:

barbu et chevelu, avec une barbe et de longs cheveux

—Je paie une tournée générale! A boire à tout le monde!

—Hourra! Bravo! Vive la peinture! crie la foule.

—Une minute! dit le patron du "Grand Café" qui sort en s'essuyant les mains sur son tablier bleu, une minute. Avez-vous assez d'argent?

—Non, mais j'en aurai!

—Quand?

—Quand j'aurai vendu le chef-d'oeuvre que je viens de finir.

—Des projets, des rêveries d'artiste! . . . Avez-vous de l'argent *maintenant?*

La foule sent qu'elle va perdre une occasion de boire gratis. Elle commence à bouger.

—Alors? répète le patron d'un air sévère, avez-vous de l'argent, oui ou non?

—Euh . . .

—Ouh! Ouh! crient des voix dans la foule.

—Ecoutez, mes amis, dit le patron, l'Art, c'est très joli et je l'aime autant que vous. Mais il faut vivre. Je ne suis pas peintre, moi!

—Il te paiera plus tard! dit quelqu'un.

—Quand il sera célèbre! dit un autre.

—Un peintre célèbre, ça fait venir les gens! ajoute un homme pratique.

Le patron hésite encore, mais il pense qu'il veut être maire aux prochaines élections; et les gens ne boiront qu'un verre gratis, ils paieront les autres.

—Bon, bon, dit-il enfin, mais alors, pour l'Art, hein? pour l'Art! . . .

—Bravo! Vive l'Art! Vive le "Grand Café"! . . .

Anatole est trop triste pour participer à la joie générale; il veut retourner à l'hôtel, mais Paulot lui dit:

—Ecoute, ce n'est pas tous les jours qu'on peut boire

gratuitement! Il faut en profiter. C'est long à faire un tableau et encore plus long à vendre. Ton patron n'ira pas plus mal parce que tu bois un petit verre. Allons, décide-toi, viens t'asseoir. D'ailleurs j'ai à te parler.°

j'ai à te parler, I have something to talk to you about

Anatole s'assoit, prend Germain sur ses genoux, et quand le garçon du bar apporte deux verres de pastis, il goûte au sien sans plaisir. Paulot semble réfléchir; puis il parle:

—Anatole, tu penses que ton chef est prisonnier de la comtesse, n'est-ce pas?

—Prisonnier ou assassiné, oui, hélas! Après les mensonges qu'elle m'a dits et ce que toi tu m'as appris, je suis certain que cette comtesse est une criminelle. Je ne sais pas pourquoi elle a fait disparaître Monsieur Maurice, mais je suis sûr qu'elle l'a fait.

—Et tu veux essayer de le délivrer.

—Evidemment!

—Seulement, tu ne peux pas utiliser les moyens légaux; car, si tu retournes chez la comtesse avec des gendarmes, elle se débarrasse de ton patron et elle le fait disparaître *définitivement*° . . .

définitivement, pour toujours

—C'est peut-être déjà fait!

—Peut-être, oui. Mais c'est une chance à prendre. Et si la comtesse est innocente, toi et tes gendarmes vous serez couverts de ridicule. D'accord?

—D'accord.

—Bon. Maintenant je vais te dire mon idée. Elle va te paraître un peu folle, mais je crois que tu n'as pas le choix.

—Je t'écoute.

Au milieu du peintre et de ses amis qui rient, qui chantent, qui racontent des histoires drôles et font un bruit formidable, Anatole et Paulot sont comme isolés. Calmes, pâles et sérieux, on croirait qu'ils sont dans un autre monde. Germain s'est endormi sur les genoux de son maître; cette promenade l'a tué de fatigue!

—D'abord, dit Paulot en regardant son ami dans les yeux, il faut vérifier depuis quand Monsieur Maurice a disparu et si on ne l'a plus revu depuis qu'il est entré au château. Il a eu un accident, peut-être, on ne sait pas. Pour cela j'ai un moyen très rapide.

—Lequel? demande Anatole. Il a confiance en Paulot, mais il pense que Monsieur Maurice est mort. Il se voit déjà, dans la cour de la Préfecture de police de Paris, recevant pour son chef, son ami, mort victime de son devoir, une belle médaille . . . Il mettra le costume noir qu'il a acheté lorsque sa femme, pauvre Germaine, est morte. Tiens! il y a longtemps qu'il n'avait pas pensé à elle, pauvre Germaine! . . .

—Anatole! A quoi penses-tu? Tu ne m'écoutes pas.

—Mais si, mais si. Que disais-tu?

—Je viens de t'expliquer mon truc à l'instant!° Si ce que je te dis ne t'intéresse pas, dis-le: je ne me fatiguerai plus à essayer de t'aider. Après tout, ce n'est pas à moi de retrouver un inspecteur de police!

à l'instant, just now

Anatole voit que son ami est très vexé. Il lui met la main sur le bras:

—Je te demande pardon, mon vieux; je pensais à Germaine.

—Je pensais que depuis que tu avais ton chien, ça allait mieux.

—Oui, ça va beaucoup mieux. Mais je pense encore à elle de temps en temps! Dis-moi, quel est ton moyen?

—C'est la dernière fois que je le répète. Voilà: je préviens quelques vagabonds que je connais. Il y en a beaucoup par ici en ce moment car ils viennent tous passer leurs vacances sur la Côte d'Azur.

—Comme toi.

—Comme moi. Donc, en les prévenant les uns et les autres, je suis certain d'avoir entre vingt et cinquante hommes à ma disposition° avant ce soir.

à ma disposition, at my disposal

—Et que veux-tu faire ce soir, avec cinquante hommes?

—Si nous n'avons pas trouvé de traces de Monsieur Maurice, nous . . .

—Nous quoi? Parle, Paulot, tu me fais peur!

—Nous attaquons le château, voilà! termine Paulot en ouvrant les bras comme un acteur de théâtre.

—Mais tu es fou! s'exclame Anatole qui renverse presque son verre tellement il est surpris. Tu te crois au cinéma!

—Anatole, sois sérieux. Je ne suis pas fou: ce n'est pas en rêvant et en criant que tu vas faire quelque chose. Mon idée paraît un peu extravagante au début, je suis d'accord; mais si tu réfléchis un moment tu verras que c'est la seule solution pour savoir si ton chef est ou non dans le château.

—Mais tu ne te rends pas compte! Attaquer le château c'est... c'est... illégal!

—Illégal! illégal! La vie d'un homme est en danger, la vie d'un ami! et toi tu me dis que c'est illégal de le sauver!

—Tu as raison... Mais ça me semble terrible de faire ça!

—Ce n'est pas terrible. Laisse-moi t'expliquer: Si, après avoir attaqué le château nous y trouvons Monsieur Maurice, il n'y aura pas de problème, n'est-ce pas?

—Mais s'il n'y est pas?

—Eh bien! la police et les journaux se demanderont toujours pourquoi, par une belle nuit d'été, un petit château tranquille a été attaqué par une bande de vauriens° qui ont ensuite disparu sans rien emporter, ou presque.

vaurien, good-for-nothing

—"Ou presque"?

—Nous verrons le détail plus tard, dit Paulot en se levant. Maintenant, nous allons chercher mes amis. Viens.

Paulot trouve ses amis sans difficulté. Il parle à chacun à l'oreille. Anatole ne sait pas ce qu'il leur dit, mais les autres, clochards, mendiants et vagabonds de toutes sortes qui sont les amis de Paulot, semblent d'abord surpris; ils refusent, puis quand Paulot ajoute

Paulot passe à l'action

quelques mots, leurs yeux s'éclairent et ils disent tous:
—D'accord, à ce soir!

Anatole voudrait bien savoir quel détail décide ces vagabonds à accepter de rechercher un policier, et surtout à attaquer le château de la comtesse. Mais Paulot ne dit rien, Paulot ne veut rien dire: Mystère et bouche cousue . . .°

bouche cousue, sealed lips

Quelques heures plus tard, un grand nombre de personnes est réuni dans un petit bois de pins à quelque distance du village. Il fait nuit. La chaleur sort de la terre après cette journée de bon soleil. On sent le thym et les fleurs. Les cigales font: "Cri-cri-cri. Toutes les étoiles brillent dans un ciel noir. C'est une belle nuit.

Anatole se demande s'il ne rêve pas. Il est là, lui, Anatole Ampoulay, inspecteur de police, au milieu d'une bande d'individus incroyables. Quel est le plus sale? Le plus mal rasé? Le plus mal peigné? C'est difficile à dire. Anatole n'est pas très difficile pour° l'aspect extérieur des gens, mais une vingtaine de gens aussi mal habillés, ça lui fait un choc!

n'est pas très difficile pour, is not very exacting when it comes to . . .

Dans la nuit noire, les visages sont éclairés par la petite lueur des cigarettes. Ils sont sinistres; on dirait une assemblée de sorciers.° "Pourvu qu'ils ne mettent pas le feu au bois" pense Anatole. Chaque vagabond qui arrive vient dire à Paulot le résultat de ses recherches. Ils disent tous la même chose:

sorciers, witches

Personne n'a revu Monsieur Maurice depuis son entrée chez la comtesse.

Répondez:
1. Pourquoi ne faut-il pas aller chercher M. Maurice avec les gendarmes?
2. L'artiste offre à boire à tout le monde, mais le patron du "Grand Café" hésite. Pourquoi?
3. Qu'est-ce qui décide le patron à donner à boire à tout le monde?
4. Si Paulot et ses amis ne trouvent pas de traces de M. Maurice que feront-ils?
5. Quelle sorte d'homme va aider Anatole et Paulot à rechercher M. Maurice?

15 L'attaque du château

PAULOT EST assis sur une grosse pierre, comme sur un trône. Il se gratte le nez et réfléchit. Il regarde autour de lui ces ombres sinistres qui attendent sa décision: il est le chef. Il dit lentement:

—Bon. Nous allons attaquer, comme c'était prévu.° — *prévu*, agreed upon ahead of time

—Une minute! dit un petit vagabond maigre. Je me demande si c'est une bonne idée, cette attaque.

Il a un long nez pointu, des yeux brillants et des cheveux qui descendent bas sur son front. Il a les jambes tordues. Il est si petit et léger qu'on l'appelle "Jockey".

—Ecoute Jockey, répond Paulot, tu m'as déjà dit que tu n'aimais pas ça. Je ne suis pas enthousiaste non plus! Mais, premièrement c'est pour rendre service à un ami et, deuxièmement, cette "visite" ne sera pas désintéressée . . .

—Un ami! s'exclame Jockey, laisse-moi te dire que tu as de drôles d'amis: un flic° qui me mettra en prison — *flic* (pop.), policier
dans deux semaines, peut-être! . . .

—Oh non, pas moi! dit Anatole en rougissant dans le noir.

—"Si ce n'est toi c'est donc ton frère",° continue — "*Si ce n'est toi c'est donc ton frère*", from la Fontaine's fable, "Le Loup et l'agneau"
Jockey en montrant qu'il a fait des études dans sa jeunesse.

—Cessons de discuter pour rien, intervient Paulot. Nous allons partir. Il est presque minuit; le temps d'arriver° au château il sera une heure. Toi, Lafleur, — *le temps d'arriver*, by the time we get to . . .
tu nous guideras, puisque tu as travaillé au château pendant quelques jours. Anatole, ton chien nous conduira jusqu'à Monsieur Maurice. En route!

Et suivant le capitaine Paulot, la troupe se met en marche. Le silence est un peu bruyant! Chacun parle et discute. Anatole reste près de Paulot et il porte Germain sous son bras pour qu'il ne s'abîme pas les pattes.

La nuit est toujours très noire. Là-bas, dans la vallée,

on voit les lumières de Vence. Un chien aboie et Germain remue les oreilles. Parfois, un des clochards se tord le pied sur une pierre et grogne. Paulot qui marche en tête s'arrête soudain:

—Attention! Nous arrivons près du château. Silence complet et défense de fumer!

Le château de la comtesse de Vaulyeuse est entouré d'un parc. Dans ce parc il y a de grands arbres, beaucoup d'arbustes° et des fleurs. Un mur bas sépare le parc de la campagne. Des ombres sautent sur le mur sans difficulté, puis disparaissent sous les arbres où la nuit est encore plus noire. Il n'y a pas un bruit, pas un cri, pas un murmure; même les cigales ne chantent plus.

arbuste, bush

Anatole est mort de peur. Ce n'est pas la sorte de chose qu'il aime faire, pas du tout, pas du tout! et il est pressé de finir cette histoire.° S'il se fait attraper, ce n'est pas pour être décoré qu'il sera dans la cour de la Préfecture de police... Il tient son petit chien contre sa poitrine, et Germain, qui ne sait pas ce qui se passe (personne ne lui dit jamais rien), en a assez d'être tenu serré. Il voudrait marcher et courir au milieu des arbres qui sentent si bon. Il bouge beaucoup et Anatole a du mal à l'empêcher de sauter à terre.

finir cette histoire, get this business over with

Paulot est le premier de la bande, puisque tout le monde le considère comme le chef. Et maintenant le chef hésite. Au village, cet après-midi, dans le petit bois, tout à l'heure, tout semblait facile. Mais ici, dans la nuit noire, avec, derrière lui, tous ces gens qui lui font confiance, et devant lui ce sombre château menaçant, le chef hésite. Il pense qu'il serait mieux à Nice, sur la promenade des Anglais,° à chercher un petit chien perdu...

la promenade des Anglais, famous, elegant walk in Nice

Le château paraît être deux fois plus grand que pendant la journée. On ne voit pas de lumière de ce côté. Lafleur, qui a une petite tête au bout d'un long cou, s'approche de Paulot et murmure:

—Nous pourrons entrer par l'autre côté: il y a une

petite porte qui donne dans° la cuisine qui est toujours ouverte.

—Bon, allons-y! dit Paulot. Mais restons sous les arbres, nous serons mieux cachés.

C'est à ce moment que la lune sort brusquement de derrière les collines, blanche et ronde, brillante.

—Oh! zut!

—Ça alors!

—Il ne manquait plus que ça!°

—C'est fichu!°

Chacun exprime ses sentiments et ils commencent à faire du bruit.

—Silence! commande Paulot. Vous êtes fous de faire autant de bruit! Rien n'est changé. Nous sommes ici, il est trop tard pour reculer. Il faut continuer. En avant!... Et taisez-vous!

Obéissants, les clochards se mettent en marche. Maintenant le château, tout blanc, semble illuminé; mais à l'ombre des arbres il fait toujours très noir.

Et soudain un chien apparaît, gigantesque dans la lumière de la lune. Tout le monde s'arrête. Un chien! c'est une catastrophe! Pour des vagabonds, le chien est le pire ennemi, après le gendarme. Ils ont peur.

Le chien, qui sent ces hommes et qui sent aussi qu'ils ont peur, s'avance, lentement, lentement, les oreilles droites et les crocs découverts.°

—Il faut faire quelque chose, murmure Paulot. Mais quoi?...

Le chien s'avance toujours; c'est vraiment un gros chien. A ce moment, la petite porte par laquelle les clochards voulaient entrer dans le château s'ouvre. Un homme sort. Il est grand, large et fort. Il cherche son chien des yeux. Quand il le voit, il va vers lui en disant:

—Viens, Kiki, viens!

(Appeler un chien aussi gros "Kiki", quelle idée!...)

—Viens Kiki!... Qu'y a-t-il? Tu vois quelque chose?

L'homme suit le chien. Il sort un pistolet de sa poche.

donne dans, opens into

Il ne manquait plus que ça! That's all we needed!
fichu, ruiné, perdu

crocs découverts, bared canines (teeth)

Sous les arbres, tout le monde se baisse. Anatole dit doucement :

—Ça y est, il va nous voir. Et sa voix tremble un peu.

C'est le moment que Germain choisit pour s'échapper des bras de son maître. Il saute sur le sol et, avant que quelqu'un bouge, il court vers ce gros chien imbécile qui ne lui fait pas peur, et il aboie, il aboie aussi fort qu'il peut avec sa petite voix. Le gros chien est surpris, l'homme aussi. Maintenant, Germain tourne autour du chien en montrant ses petites dents blanches. l'homme crie :

—Kiki ! cesse de jouer ! Viens, mais viens donc, bon sang !

Mais le chien aboie vers Germain qui, effrayé par cette grosse voix, se sauve. Et le gros chien le poursuit ! Et l'homme suit son chien ! Et bientôt ils disparaissent dans l'ombre, sous les arbres.

—Ouf ! brave Germain : il nous a sauvés ! dit Paulot en se relevant.

—Que va-t-il devenir ? Il va être mangé ! gémit Anatole en frottant son pantalon plein de poussière.

—Mais non, mais non, disent quelques-uns qui s'en moquent.

—L'homme doit être le gardien ; il faut en profiter pour entrer, dit Paulot.

Rapidement, mais en silence, la petite troupe traverse l'espace illuminé par la lune. Voilà la petite porte. Ils entrent dans une pièce éclairée. C'est ici que reste le gardien. Sur la table il y a un journal et un verre de bière. Une jolie musique sort doucement du poste de radio. Au mur on voit un tableau où sont accrochées des clés.

—Les clés de toute la maison, dit Anatole. J'ai une idée. Avec ces clés, nous pouvons ouvrir toutes les portes, mais nous pouvons aussi les fermer, surtout les portes où quelqu'un dort. En cas de danger, cela nous donnera un peu de temps pour nous sauver.

L'Affaire des Tableaux Volés

. . . il reçoit une bouteille de bière derrière la tête . . .

—Bravo, c'est une bonne idée! dit Paulot. Exécution immédiate! Et surtout, du silence.

Chacun prend quelques clés. Il y a une étiquette° sur chacune, ce sera facile. *étiquette*, label

—Il faut descendre à la cave, je suis certain qu'il y a des choses intéressantes, car il est défendu d'y descendre, explique Lafleur.

—Attention! dit quelqu'un, j'entends du bruit.

—Eteignez la lumière, commande Paulot. Mettez-vous tous au fond de la pièce et ne bougez plus.

Obscurité et silence . . . Puis on entend les pas du gardien qui revient. Il parle tout seul et n'a pas l'air content:

—La sale bête! Elle m'a fait courir! . . .

Il entre et s'arrête, étonné:

—Tiens! c'est drôle, je croyais avoir laissé la lumière . . .

Il cherche l'interrupteur. Il le trouve. Il allume . . . Avant de pouvoir se demander s'il rêve ou s'il devient fou en voyant tous ces visages qui le regardent avec de grands yeux fixes, il reçoit une bouteille de bière derrière la tête et il s'endort, la bouche ouverte, comme un bébé.

Pendant quelques instants, il y a un grand silence. Ils regardent tous le gardien qui, allongé par terre, paraît immense. Puis ils parlent tous en même temps:

—Il faut l'attacher!° *attacher*, tie up

—Qu'est-ce que je suis venu faire ici?

—Il faut lui mettre un chiffon sur la bouche.

—Et Germain? Où est Germain?

—Toutes ces histoires ne me plaisent pas!

—Silence!

Paulot explique qu'il est trop tard; on ne peut pas reculer. Le plus tôt ils trouvent Monsieur Maurice, le plus tôt ils sortent d'ici.

—Mais . . . et Germain? demande Anatole très inquiet.

—Il reviendra tout seul; cesse de nous embêter avec ce cabot!°   *cabot* (slang), chien

—Ce cabot! Il nous a sauvé la vie, ce cabot; sans ce cabot, nous serions tous morts!... Anatole s'arrête un peu puis il continue, plus calmement: Et nous *en* avons besoin de ce cabot: il doit nous conduire vers Monsieur Maurice.

—Non, répond Paulot. J'ai réfléchi au problème: si Monsieur Maurice est ici il est certainement enfermé dans une cave; il y en a beaucoup dans un vieux château pareil. Et si Monsieur Maurice n'est pas là, Germain ne nous sera pas utile. Alors allons-y, Lafleur va nous montrer le chemin.

Lafleur hésite. Il n'aime pas beaucoup cette responsabilité. Le Jockey s'approche et lui parle à l'oreille:

—Conduis-nous vers la "bonne" cave; on verra après . . .

—Bon, dit Lafleur. C'est par ici, il faut passer par la cuisine.

Toute la troupe le suit en essayant d'être silencieuse, mais, malgré toutes les précautions, une troupe pareille fait beaucoup de bruit. Comment sont-ils arrivés à la cave sans réveiller personne? C'est toujours un mystère. Dans la cuisine ils trouvent une petite porte; derrière la porte, un escalier descend en tournant. Lafleur, Paulot et Anatole descendent les premiers; les autres suivent. Le Jockey, qui est dans les derniers, ouvre le réfrigérateur.

—Toi, dit l'un des clochards, il faut toujours que tu mettes ton grand nez partout!

Mais il se tait en voyant ce que le Jockey a trouvé: un saucisson sec et une bouteille de vin rouge! Le partage est vite fait.

—Quand même, dit l'un d'eux, mettre le saucisson et le vin rouge dans le réfrigérateur! Il faut être américain pour faire ça!

Emportant la bouteille et le saucisson, ils rejoignent

les autres. Dans la première cave, ils trouvent des armes: fusils, pistolets, mitraillette...°

—Enlevez les balles,° commande Paulot, c'est plus prudent!

Il faut une longue demi-heure pour que les armes deviennent inoffensives. Ensuite la bande continue. Dans la salle suivant, il y a trois bicyclettes. Et puis, une salle où il n'y a rien. Et puis, une porte fermée à clé. Paulot demande à Lafleur:

—Sais-tu ce qu'il y a derrière cette porte?

—Oh non! Je ne suis jamais allé plus loin que la cuisine.

—Je suis sûr que Monsieur Maurice est là, derrière! s'exclame Anatole.

—Il faut ouvrir cette porte.

—Dépêchons-nous!

—Qu'est-ce que je suis venu faire ici?

Chacun donne son avis. Un gros barbu s'approche de la porte sans rien dire. Il regarde la serrure avec attention. Il se gratte les cheveux, puis le nez, puis il dit:

—Ça paraît facile à ouvrir.

—Alors, vas-y, dit Paulot. N'attends pas que les autres arrivent.

Le gros barbu sort une dizaine de clés de sa poche. Il regarde Anatole d'un air inquiet; et Anatole pense que ce barbu doit être cambrioleur° par profession! Mais cela n'a aucune importance: Monsieur Maurice est là, quelque part, en danger. Et Germain est certainement mort à cette heure...

Pendant ce temps, le gros barbu, en sueur, n'a pas perdu son temps. Il se redresse bientôt en disant:

—Ça y est, la porte est ouverte.

Tous veulent se précipiter sur la porte, mais Paulot les arrête.

—Attendez, il faut être prudent.

—Prudent! Prudent! Nous sommes pressés!

fusils, pistolets, mitraillette, rifles, pistols, machine gun
enlever les balles, unload (empty)

cambrioleur, burglar

98   L'Affaire des Tableaux Volés

—Monsieur Maurice! C'est lui! Il est mort!

—Je veux sortir!
—J'ai soif!

Comme on le voit, chacun a ses raisons pour être pressé. Mais Paulot n'écoute personne. Il tourne la poignée de la porte doucement... Il y a de la lumière dans la pièce derrière! Prenant son courage à deux mains, Paulot ouvre la porte toute grande.

—Oooh! disent ceux qui peuvent voir.

Les autres derrière poussent. Tout le monde entre dans la galerie secrète de la comtesse de Vaulyeuse. Instant solennel, voici les vagabonds face à l'Art! Chacun s'exprime suivant sa personnalité:

—C'est beau! dit Lafleur, j'aime les couleurs.
—Ça doit valoir beaucoup d'argent! dit le gros barbu.
—Je n'aime que la peinture figurative,° dit le Jockey, avec une voix blasée.

peinture figurative, le contraire de la peinture abstraite

—C'est la première fois que je suis dans un musée! dit un autre.

Paulot veut donner son avis quand une odeur lui fait tourner la tête vers une petite porte entr'ouverte,° au fond de la galerie.

entr'ouverte, ajar

—Mais ça sent le vin par ici! s'exclame-t-il.

Il s'avance vers la porte, et Anatole le suit. Ils ouvrent. L'odeur de vin est très forte. Dans l'obscurité ils aperçoivent un corps allongé sur le sol.

—Monsieur Maurice! C'est lui! Il est mort! dit Anatole.

—Mais non, il n'est pas mort: il est ivre!

Répondez:

1. Qu'est-ce que les clochards et Anatole vont faire à une heure du matin?
2. Qui est-ce qui empêche le gros chien de découvrir la troupe de Paulot?
3. Le gros barbu qui ouvre la porte fermée à clé a l'air inquiet devant Anatole. Pourquoi?
4. Pensez-vous que les gens qui travaillent chez la comtesse sont dangereux? Comment?
5. Comment M. Maurice a-t-il passé son temps dans la cave de la comtesse? (2 possibilités)

16 Oh! là! là!

—PAS DU TOUT, il dort! s'exclame à son tour le Jockey qui ne s'occupe pas de Monsieur Maurice mais se dirige vers les bouteilles, beaucoup plus intéressantes, à son avis.

Toute la bande le suit, en riant et en plaisantant, vers le fond du cellier, et chacun commence à ouvrir une bouteille! Anatole s'approche de son patron qui ne bouge toujours pas: Mort? Endormi?...

—Allez! En voilà une que la comtesse ne boira pas!
—A votre santé, baron!
—Après vous, marquis, après vous!
—Du champagne! Il y a du vrai champagne de Champagne!... Les vagabonds s'amusent comme des enfants. Ils font un bruit à réveiller un mort!
—Hein? Quoi? demande Monsieur Maurice en ouvrant un oeil. Laissez-moi... Oh! c'est toi, Anatole! Que fais-tu ici?
—Patron! Vous êtes vivant! Oh! que je suis content!
—Comment es-tu arrivé ici? Qui sont ces braillards?° *braillards*, loudmouths
—Des amis. Ils m'ont aidé à vous délivrer.
—Oh! ma tête me fait mal. Ce doit être cette horrible odeur de vin, dit Monsieur Maurice en essayant de se lever. Il s'appuie sur Anatole et regarde les clochards qui s'occupent des bouteilles: aussitôt ouvertes, aussitôt bues!
—Mais que font-ils?... Mais... Mais je les reconnais! Des clochards, des vauriens, du gibier de potence!° *du gibier de potence*, jailbird
C'est cela que tu appelles tes amis, Anatole? C'est avec cela que tu oses venir me délivrer, Anatole? Et la police, où est-elle, la police. Anatole?...
—Attendez, Patron, je vais vous expliquer.
—Je ne veux pas d'explications, Anatole! réplique Monsieur Maurice, rouge de colère. Puis, il se tourne vers les autres: Allez-vous cesser ce pillage? Immédiatement, c'est un ordre!

Surpris, les clochards s'arrêtent un instant et regardent Monsieur Maurice froidement. Puis le Jockey dit:

—Je le savais: Pour nous remercier, il va tous nous mettre à l'ombre!°

*nous mettre à l'ombre,
nous mettre en prison*

Il y a un lourd silence.

* * *

Pendant ce temps, le bandit qui doit remplacer l'autre pour la garde, se réveille tout seul. Il va voir où est son camarade. Il le trouve attaché, par terre, et Kiki le gros chien lui lèche la figure. Il se dépêche de le détacher; il enlève le chiffon qui empêche son camarade de parler. Celui-ci pousse un profond soupir et dit:

—Ouf! je croyais que tu ne viendrais jamais!

—Que se passe-t-il? Qui t'a attaché?

—Je ne suis pas sûr . . . Cet imbécile de chien courait après un petit chien qui traversait le parc. J'ai essayé de le rattraper . . .

—Qui? Le petit chien?

—Non, Kiki. Mais il courait trop vite pour moi. Et quand je suis revenu ici, je me suis fait assommé.

—Par qui?

—Je ne sais pas. Je me souviens seulement d'avoir vu plusieurs visages qui me regardaient avec de grands yeux. Mais je ne sais plus si j'ai rêvé cela ou non . . . Oh! ma tête . . . Le bandit se lève en se frottant la tête. Il demande à son copain:

—Dis, Julien, qu'allons-nous faire?

—Comment? Mais il faut réveiller tout le monde et la comtesse! C'est une attaque!

—Une attaque? Mais par qui?

—Ces visages que tu as vus . . .

—Je ne suis pas certain de les avoir vus.

—On ne sait jamais. Il faut toujours être prudent.

—C'est drôle, je croyais connaître les visages de tous les bandits de France! . . .

—Ce sont peut-être des nouveaux, ou des étrangers. Aujourd'hui, tu sais, avec le Marché Commun, il n'y a plus de frontières!...

—Viens, Julien, allons réveiller les autres.

—Mais... Où sont-ils?

—Qui?

—Ceux qui nous attaquent.

Les deux bandits s'arrêtent et se regardent. Julien se gratte la tête. Son copain dit:

—C'est vrai, ça. Où sont-ils?

—Pas une seconde à perdre. Il faut agir!

Et les deux bandits courent réveiller leurs complices et leur chef, la terrible comtesse de Vaulyeuse.

* * *

En bas, dans la cave, l'ambiance n'est pas gaie. La plupart des clochards boivent sans s'occuper de ce qui se passe autour d'eux, mais Anatole, Paulot et le Jockey entourent Monsieur Maurice. Ils essaient de lui expliquer comment et pourquoi ils sont là. Monsieur Maurice ne veut rien entendre. Il est très mécontent. Son béret est tout sale. Il n'écoute rien et chaque fois qu'Anatole ouvre la bouche, il, répète:

—Et la police, hein? Où est la police?

—Mais patron, veut dire Anatole, c'était trop dang...

—Pourquoi n'as-tu pas prévenu la police? Elle est là pour ça, non?

—Ecoutez, dit Paulot, il faut faire plaisir à tout le monde: Vous, vous profitez de la liberté, et nous, nous profitons des bouteilles!

—Des ivrognes! des voyous!° des voleurs! des vagabonds! voilà ce que vous êtes! crie Monsieur Maurice.

—J'ai une idée, dit le Jockey d'une voix calme. Pour être tranquille, nous assommons celui-là (et il montre

° *ivrognes... voyous,* drunkards... derelicts

Monsieur Maurice!), nous prenons quelques bouteilles et nous partons avant que les autres arrivent.

—Quels autres? demande Paulot.

—Les bandits. Tu crois qu'il vont nous laisser boire toutes leurs bouteilles sans rien dire, peut-être?

—Tu as raison! s'exclame Paulot en se frappant le front. Je vais voir ce qui se passe.

Il se dirige vers la sortie de la galerie. Il passe dans la salle vide. Rien à signaler. Dans la salle suivante, les bicyclettes sont toujours à leur place et Paulot, pour avoir l'esprit tranquille, enlève les trois chaînes et les met dans sa poche. Au moment d'entrer dans la salle d'armes il entend du bruit. Quelqu'un vient! Vite, il enlève l'ampoule° qui éclaire la salle et il s'approche de l'escalier qui mène à la cuisine. Des gens parlent à voix basse là-haut. Aïe! voilà le danger! Il faut prévenir les amis!

ampoule, light bulb

Rapidement, Paulot revient vers la galerie. Au passage, il enlève toutes les ampoules et les caves sont toutes dans le noir. En ouvrant la grosse porte de la galerie, on entend les chansons et les rires des clochards qui s'amusent beaucoup. En voyant le visage grave de Paulot, Monsieur Maurice comprend qu'il se passe quelque chose. Il demande:

—Ils arrivent?

—Oui!... Ils sont dans la cuisine. Je suis certain qu'ils ont des armes.

—Prenons les armes de la cave, dit Monsieur Maurice.

—Non, répond Paulot. J'y ai pensé, mais nous ne pourrons jamais sortir d'ici par la force et ils peuvent nous faire mourir de faim dans ce trou. J'ai une autre idée.

Avant que Monsieur Maurice demande quelle est cette idée, Paulot se tourne vers ses amis et il dit, calmement, sans crier mais assez fort pour que tous l'entendent:

—La fête est finie. Ils arrivent. Si vous ne cessez pas de boire et de chanter immédiatement, nous sommes tous morts. Tous.

L'effet est immédiat. Tous s'arrêtent et l'écoutent. Il explique:

—Les bandits sont dans la cuisine. Ils sont prêts à descendre.

—Oh! là! là! dit Lafleur qui les connaît.

—Oui. Ils sont trop forts pour nous. Il n'est pas question de nous battre.

—Vous n'allez pas vous rendre, quand même! demande Monsieur Maurice.

—Non, nous allons employer la ruse. Voici ce qu'il faut faire pour sortir d'ici. Ecoutez.

Paulot explique son plan aux clochards qui l'écoutent avec beaucoup d'attention. Tout le monde est inquiet. Anatole pense à son petit chien perdu. Il est triste à pleurer.° *triste à pleurer*, so sad he could cry

Sous la direction de Paulot ils se mettent au travail. Monsieur Maurice reste dans un coin, les bras croisés. Il ne veut rien avoir à faire avec ces voyous. Les "voyous" prennent toutes les armes de la première salle et ils les portent dans le cellier. Vite, vite, et sans bruit! . . . Ensuite, ils vont tous s'accroupir dans un coin de la salle vide, dans le noir absolu. Ils ne bougent pas. Ils respirent la bouche ouverte pour faire moins de bruit. Le silence est complet. Lafleur tremble et murmure:

—Oh! là! là!

Mais personne ne répond car la porte de la cuisine vient de s'ouvrir. On entend descendre l'escalier.° *descendre l'escalier*, quelqu'un qui descend l'escalier

Monsieur Maurice est mal assis; il veut bouger et se sent quelque chose de dur derrière lui. Il touche avec sa main: une caisse pleine de bouteilles! Quel est l'idiot qui a pris ça avec lui?

Les bandits approchent. Ils ont des lampes-torches et ils parlent doucement. Ils n'ont pas trouvé leurs armes et ils sont inquiets. L'un d'eux dit:

—Eteignons nos lampes: on nous voit de loin.

Dans le noir les bandits avancent avec précaution. Chacun a un pistolet à la main. Ils entrent dans la cave aux bicyclettes. Lentement, très lentement. Nos amis sont habitués à l'obscurité et leurs yeux devinent les formes dans le noir. Voilà! le premier bandit apparaît. Il semble être énorme. Il s'arrête; il se retourne et appelle ses camarades à voix basse:

—Venez. Ils doivent nous attendre dans la cave à vin.

—Bon, répond un autre, allons-y. Et soyez prudents.

Le dernier bandit entre enfin. Ils sont sept en tout. Le premier entre dans la galerie de peintures. Puis le second... Soudain, là-bas dans le cellier, une bouteille vide tombe. Dans le silence le bruit est énorme. Les premiers bandits courent vers le bruit et commencent à faire feu.° Le dernier de la bande hésite un peu avant d'entrer dans la galerie. Alors Paulot se lève, vient derrière le bandit, le pousse très fort avec son épaule, saute sur la porte, clac! clac! elle est fermée: les bandits sont prisonniers!

faire feu, shoot

—Et voilà le travail! dit Paulot content de lui.

A l'intérieur de la galerie les bandits tirent toujours. Ils n'ont pas encore remarqué ce qui se passe. Cela sera une belle surprise!

—Que faisons-nous maintenant? demande le Jockey.

—Nous allons... veut dire Monsieur Maurice.

—Vous, taisez-vous! dit le Jockey en colère. Vous êtes un prisonnier délivré. Vous dites: merci. C'est tout.

—Mais!...

—Pas de disputes maintenant, interrompt Paulot. Tout le monde vers la sortie. Mais prudence: Il y en a peut-être d'autres là-haut. Lafleur, aide-moi à porter la caisse.

—Qu'est-ce que c'est que cette caisse? demande Monsieur Maurice.

—Du vin. Pour Anatole et moi, répond Paulot.

—Comment? Pourquoi?

—Nous avons perdu du temps à bavarder avec vous, pendant que les autres profitaient des bouteilles. Nous boirons celles-là plus tard, tranquillement.

—Mais c'est du vol! C'est du vol! Je ne . . .

—Ecoutez, inspecteur: si vous n'êtes pas content avec nous, vous pouvez rester avec vos amis, dans la galerie. Non? Bon, en route!

Monsieur Maurice n'insiste pas. Ils montent tous l'escalier avec précaution, mais ils ne rencontrent personne. Enfin dehors! Vers l'est, le ciel devient blanc: il fera bientôt jour. Quelques clochards commencent à être fatigués. Ils n'ont pas beaucoup dormi cette nuit, et ils ont beaucoup bu. Paulot aperçoit une jeep arrêtée sous un arbre. Il y dépose la caisse de bouteilles, puis il dit à ses amis:

—Voilà, l'aventure est finie. Maintenant dispersez-vous. Allez dormir et ne parlez de cette histoire à personne si vous ne voulez pas avoir d'ennuis. Merci beaucoup de m'avoir rendu service.

En silence les vagabonds disparaissent sous les arbres du parc. Près de la jeep il ne reste plus maintenant que Paulot, Anatole et Monsieur Maurice, Monsieur Maurice qui n'est pas content, pas content du tout. Il se tourne vers Paulot et dit, d'une voix sarcastique:

—Puis-je parler maintenant?

—Si vous avez quelque chose à dire, oui, bien sûr.

—Oui, j'ai quelque chose à dire. J'ai même beaucoup de choses à dire.

—Que faisons-nous? demande Anatole qui n'a pas envie d'entendre des discours et qui a toujours les yeux pleins de larmes.

—Eh bien, dit Monsieur Maurice, nous allons prendre la jeep, rentrer au village, téléphoner à la police de Nice, revenir ici, arrêter tous ces bandits et cette affreuse comtesse, re . . .

—Croyez-vous que la comtesse va vous attendre? demande Paulot avec un sourire amusé.

—C'est vrai! Elle peut s'échapper. Vite, vite! dans la voiture. Vite! Anatole, tu conduiras. En route; en route!... Monsieur Maurice est soudain très pressé.

Ils montent dans la voiture. Anatole démarre. Il tourne autour du château. Il s'arrête brusquement. Devant la porte du château, une longue voiture noire est arrêtée. Un homme met des valises dans la malle. Il semble pressé. La porte du château s'ouvre et une fine silhouette sort, et se précipite dans la voiture. L'homme ferme la portière. Monsieur Maurice a poussé un cri:

—C'est la comtesse! C'est la comtesse qui part!

La voiture noire démarre.

—Elle veut s'enfuir! Elle nous échappe! Anatole, il faut suivre cette voiture. Ne la perds pas de vue,° compris? *ne perdre pas de vue*, to not lose sight of

—Bien, Patron, répond Anatole en roulant derrière la voiture de la comtesse.

Paulot est assis à l'arrière. Il s'installe confortablement, regarde la caisse de bouteilles avec tendresse, et soupire:

—Pfuuu! On n'est jamais tranquille! et il s'endort.

Répondez:

1. Savez-vous maintenant pourquoi les clochards avaient dit "oui" au propos de Paulot?
2. Après sa délivrance, M. Maurice est plein de remerciements?
3. Comment est-ce que nos amis s'échappent aux bandits?
4. A quoi pense Anatole pendant toute cette aventure?

17 *La comtesse est en fuite*

LE SOLEIL éclaire le haut des collines, mais dans les creux et au bord de la mer il fait encore sombre. La rosée pose ses perles sur les feuilles minces des orangers et les cigales chantent déjà. Il fera beau aujourd'hui. Sur la route en zigzags qui va du château à Saint-Paul et qui continue, en tournant toujours, jusqu'à Nice, là-bas, au bord de la mer, une voiture noire roule très vite. Un peu plus loin, derrière elle, une jeep suit. Mais elle ne va pas assez vite pour rattraper la voiture noire dans laquelle la comtesse de Vaulyeuse est aussi pressée qu'en colère.

—Vite, vite! répète-t-elle au chauffeur. Ce maudit policier m'a porté malheur. Vite!... Presque toute ma collection détruite! Heureusement, j'ai pris mes bijoux. Avec l'argent que j'ai en Suisse, je pourrais recommencer ma vie ailleurs. Allons, vite! Ne ralentis pas. Mais qui t'a appris à conduire?

—Mais... ça tourne, madame!

—Ne réponds pas, imbécile, et roule plus vite. Je crois qu'on nous suit.

Deux cent mètres derrière, Monsieur Maurice qui a perdu son béret, crie:

—Plus vite, Anatole! Nous ne pourrons jamais rattraper cette maudite comtesse si tu ne vas pas plus vite.

—Mais... ça tourne, Patron!

—Ne réponds pas, idiot! et roule plus vite. Il faut les rattraper.

Le village est encore endormi. Quelques commerçants ouvrent leurs boutiques. On s'étire, on se frotte les yeux, on se gratte la tête, on grimace en regardant le ciel. Vrroumm! une voiture noire passe, rapide comme l'éclair. On ouvre de grands yeux. Vrroumm! une jeep passe, en allant aussi vite. "Ce n'est pas possible, faire la course si tôt le matin! Quelle époque! Ah! ces Parisiens!"

—Plus vite! dit la comtesse.

—Vite, plus vite! dit Monsieur Maurice.

—Mais on va se tuer! répondent Anatole et le chauffeur de la comtesse.

—Je suis certaine qu'on nous suit, ajoute la comtesse. Il faut arriver à l'avion, vite, vite!

* * *

Pendant ce temps, à Saint-Paul, on réveille le gendarme. C'est un autre gendarme qui vient de Vence. Il a une très importante nouvelle. Il faut aller chercher les inspecteurs. C'est à propos de cette histoire de tableaux volés.

—Bon, bon, dit le gendarme de Saint-Paul en mettant son képi de travers. Quelle est cette grande nouvelle?
—Le coupable est arrêté.
—Quoi? Que dites-vous?
—Le coupable est arrêté.

Pour une grande nouvelle, c'est une grande nouvelle.
—Qui l'a arrêté? Et où?
—Un brigadier de Vence, dans un bar.

"Un brigadier! Ce sont toujours les mêmes qui ont de la chance, pense le gendarme de Saint-Paul. Ce brigadier va certainement devenir brigadier-chef. Mais en sachant se débrouiller, un gendarme peut aussi devenir brigadier . . . Mais c'est peut-être une erreur. Il faut vérifier."

—Voyons, êtes-vous sûr que c'est lui? demande-t-il.
—Oh oui! Sûr et certain.
—Et où est-il maintenant?
—En prison. Et pas content.
—Pas content?
—Non; il répète toujours: Je suis innocent! Je suis innocent!
—Ils disent tous la même chose. Mais il faut aller voir l'inspecteur Ampoulay. Son chef est peut-être revenu. Allons-y!

Et les deux gendarmes se dirigent vers l'hôtel où Anatole devrait être en train de dormir.

La comtesse est de plus en plus inquiète. Cette jeep les suit, sans aucun doute. Et malgré la vitesse elle est toujours là.

—Qui peut nous suivre ainsi? s'interroge-t-elle.

Le soleil est tout à fait levé maintenant. Dans les champs et les vignes, les paysans sont au travail. Un petit garçon fait bonjour de la main à la voiture qui passe. Mais la comtesse ne répond pas. Elle se demande si aujourd'hui est un jour de malchance. Quand elle pense à tous ces beaux tableaux qu'elle a perdus, un sanglot monte dans sa gorge. Tous ces efforts pour rien! Toutes ces longues années de préparation et de patience pour arriver à posséder une belle collection! Tout ça pour rien. L'oeuvre de sa vie est détruite. Elle a envie de se reposer. Elle n'a plus la force de combattre. Si elle se laissait arrêter par la police, elle pourrait se reposer . . . Mais non! ce policier imbécile serait trop content. Au contraire il faut lutter; il faut quitter la France et recommencer ailleurs, sous un autre nom, avec autre collection plus belle que la première.

—Plus vite! répète-t-elle au chauffeur.

—Anatole, tu dors! dit Monsieur Maurice qui a les yeux collés sur la voiture noire.

—Non, Patron. Mais j'ai une mauvaise nouvelle: nous n'aurons bientôt plus d'essence.

—Oh non, pas ça! ce serait trop bête!

Monsieur Maurice ne veut pas le croire, mais en regardant la petite aiguille qui indique la réserve d'essence, il doit reconnaître que c'est la vérité.

—La vache!° s'exclame-t-il en colère. *La vache!* Blast it!

Paulot ouvre un oeil pour savoir ce qui se passe. C'est vraiment difficile de dormir à cette vitesse, avec ces chocs, ces secousses, ces bruits, ces cris. —Oh! là! là! dit-il en bâillant, est-ce que ce n'est pas finie, cette course? Rattrapez cette comtesse et qu'on n'en parle plus!

Ils sont maintenant dans la plaine. La vraie campagne est finie. Partout on voit des villas, des maisons de vacances. On approche de Nice.

—Je me demande où elle va, dit Monsieur Maurice.

—J'espère que ce n'est pas trop loin, répond Anatole en regardant son aiguille d'essence.

—Je sais où elle va! s'exclame Paulot qui connaît bien la région.

—Eh bien, dis-le, demande Monsieur Maurice qui est très nerveux.

—Si elle tourne à droite dans quelques minutes, elle va à l'aéroport.

—L'aéroport? Il y a un aéroport par ici?

—Oui, un petit, pour les avions privés.

—Il faut, il faut la rattraper. Plus vite, Anatole! Monsieur Maurice est vraiment excité maintenant. Il répète comme dans un rêve: rattraper, rattraper...

Et la voiture noire tourne à droite.

—Rattraper... Rattrapper...

Les deux voitures roulent sur une route étroite. Soudain, après un petit bois de pins, un terrain d'aviation apparaît. Il est dans une petite plaine entourée de collines basses. Sans hésitation, la voiture roule vers l'autre extrémité du terrain. Il y a un petit avion là-bas. Un avion toujours prêt à partir, car la comtesse est prudente. La jeep suit. Hélas... Vers le milieu du terrain le moteur tousse, puis s'arrête: plus d'essence. Alors Monsieur Maurice se dresse tout droit dans la voiture, et le visage rouge, levant son poing menaçant vers le ciel, il hurle. Voici ce qu'il dit: —**&%ùeàá! ***ôêàèçéi***!...

Imaginez ce terrain d'aviation, désert à cette heure, avec d'un côté un petit avion rouge et blanc, et de l'autre une jeep grise. Un homme fort et une femme déjà vieille mettent des valises dans l'avion. Ils se dépêchent. Dans la jeep, un homme en colère gesticule en faisant beaucoup de bruit. Près de lui il y a deux hommes qui ont envie de dormir!

Bientôt le moteur de l'avion tourne. Il va partir.

—Ce n'est pas possible, murmure Monsieur Maurice qui ne peut plus crier, ce n'est pas possible, elle ne peut pas m'échapper comme ça. Il faut agir . . .

L'avion commence à rouler. O! ironie! Il passera devant nos amis pour s'envoler, comme pour se moquer d'eux.

—Oh! . . . Oh! . . . répète Monsieur Maurice. Il tremble et respire avec difficulté.

—Ça va, Patron? lui demande Anatole qui pense qu'il est temps de retourner au château. Il veut trouver Germain. D'ailleurs, puisque la comtesse a gagné, il est inutile d'assister à son triomphe.

—Ça va, ça va, grogne Monsieur Maurice. Mais ça irait mieux si cet avion pouvait avoir un accident!

Les histoires de policiers n'intéressent pas Paulot. Mais avec tout ce bruit, il ne peut pas dormir. Il a la bouche sèche. S'il buvait une gorgée de vin pour se réveiller? Allons-y! . . . Paulot sort un tire-bouchon de sa poche et, prenant une bouteille dans la caisse, il commence à l'ouvrir.

Là-bas, l'avion est en place, face à la piste, prêt à partir.

—Oh! dit Monsieur Maurice, donnez-moi un canon, un fusil, un revolver, un lance-pierre° ou un caillou, mais donnez-moi quelque chose!   *lance-pierre* catapult

L'avion commence à rouler sur la piste en ciment. Il va doucement d'abord, puis de plus en plus vite. Il s'approche de nos amis. On voit le visage du pilote et celui de la comtesse.

—Aaah! rugit Monsieur Maurice, et on dirait un tigre en colère.

—Buvez un peu, pour vous calmer, propose gentiment Paulot.

—Hein? Quoi?

Monsieur Maurice se retourne. Il regarde Paulot avec des yeux étranges. Et soudain il lui arrache la bouteille des mains.

—Eh là! dit Paulot, je ne savais pas que vous aviez si soif!

—Pas toutes, Patron. S'il vous plaît, pas toutes . . .

Qui parle de soif? Il ne s'agit pas de boire. Sans rien dire Monsieur Maurice lance la bouteille sur la piste. Clac! la bouteille se casse. Monsieur Maurice se retourne vers la jeep et il prend une autre bouteille. Clac! Et une autre, clac!...

Anatole et Paulot sont surpris, d'abord. Mais bientôt, Paulot se met en colère et il essaye d'empêcher Monsieur Maurice de prendre d'autres bouteilles.

—Il devient fou! Du si bon vin! C'est un crime! arrêtez-le!

Et Anatole dit, avec des larmes dans la voix:

—Pas toutes, Patron. S'il vous plaît, pas toutes...

Mais Monsieur Maurice jette toujours des bouteilles sur la piste. Clac! Clac!... L'avion est là, tout près. Le bruit du moteur empêche nos amis de s'entendre. Mais personne n'écoute, de toute façon! Paulot, pour sauver quelques bouteilles du massacre, en met une dans chacune de ses poches et saute hors de la voiture. Anatole fait pareil. L'avion est là. Sur la piste il y a des milliers de morceaux de verre; le vin sent très fort et donne mal à la tête à l'inspecteur. Il ne bouge plus, Monsieur Maurice. Il a fait son possible. Maintenant il attend. Il se croise les bras et, avec un air d'empereur romain, il attend la suite.

Vrroumm! L'avion roule à grande vitesse sur les morceaux de verre. Bang! c'est un pneu qui éclate. Cling! Clang! Clong! Crac! c'est l'avion qui se retourne trois fois et qui s'arrête, dans l'herbe, renversé sur le dos comme une grosse mouche.

Quel silence! on entend chanter les cigales. Anatole, caché derrière la jeep n'a rien vu. Il répète nerveusement:

—Pas toutes, pas toutes...

Paulot, couché dans l'herbe, s'endort enfin, un sourire aux lèvres. Il tient deux bouteilles dans ses bras, comme deux bébés jumeaux. Et Monsieur Maurice, fatigué, s'assoit sur le siège de la voiture et dit très doucement:

—Voilà!

Répondez:
1. La comtesse a tout perdu?
2. Si elle échappe, que fera-t-elle?
3. Elle a envie de se reposer, mais elle continue à lutter. Pourquoi?
4. Pourquoi est-ce que la jeep ne peut pas rattraper la comtesse à la fin?
5. De quoi se sert M. Maurice pour empêcher l'avion de s'envoler?

18 *Une belle récompense*

LE LENDEMAIN, Monsieur Maurice et Anatole se lèvent à quatre heures de l'après-midi. Ils ont bien dormi! Après toutes ces émotions et ces heures sans sommeil, ils n'en pouvaient plus de fatigue.° *ils n'en pouvaient plus de fatigue*, they were worn out

Debout devant la glace, Monsieur Maurice se rase. Il se souvient de la journée d'hier, et il sourit, il est content. La comtesse est en prison; les bandits qui travaillaient pour elle aussi. Ils ont abîmé quelques peintures dans la galerie secrète, pendant leur lutte; mais un expert a affirmé que ce n'était pas grave et que les réparations seront faciles. Dans les valises que la comtesse emportait, on a trouvé de l'argent, et des bijoux. Ils sont volés, sans doute.

Le brigadier était content de les revoir:
—Inspecteur! J'ai le coupable, j'ai le coupable! criait-il, il est en prison!

Etonné, Monsieur Maurice a voulu voir qui était ce coupable qui arrivait quand tout était fini! Oui, ce visage lui était familier...

—Ton nom? demanda-t-il au prisonnier avec sa gentillesse habituelle.

—Duchêne, Jean Duchêne. Je suis innocent! Innocent! Laissez-moi sortir de cette prison!

—Duchêne?... Ah oui, je me souviens maintenant. Tu es peut-être innocent, mais tu es suspect.

—Suspect? Pourquoi?
—Tu es parti de la Fondation Maeght, immédiatement après le vol des tableaux. Pourquoi?
—Euh . . . Je suis allé voir ma fiancée, à Lyon.
—Tu pouvais demander la permission à ton patron.
—Il m'avait déjà refusé une fois, deux mois avant, parce que j'étais revenu avec deux jours de retard.
—Bon, bon. Je regarderai ça plus tard. Mais tu es toujours suspect, alors tu restes là.

Ensuite, Monsieur Maurice a envoyé un télégramme à Paris, pour son chef le Commissaire Tronc:

COUPABLE ARRETE- STOP- TABLEAUX RETROUVES- STOP- AFFAIRE TERMINEE- STOP- MAURICE- STOP.

Ce matin, Monsieur Maurice est vraiment de très bonne humeur. Une seule ombre à son bonheur: Anatole qui va pleurnicher toute la journée parce qu'il a perdu son chien! Quelle histoire pour un chien! Il pourra en acheter un autre à Paris, si vraiment il se sent seul.

Monsieur Maurice se rase avec soin. Hier, le brigadier a dit que les habitants du village feraient une petite fête en l'honneur des deux policiers. Il faut donc être bien mis et soigné° pour représenter la police de Paris.

Anatole . . . Eh oui! Monsieur Maurice a raison: Anatole est triste. Il a perdu son ami. Maintenant que l'aventure est terminée, il ne pense plus qu'à son chagrin.° Il est pressé de retourner à Paris pour revoir les quelques photos de son petit chien et oublier son chagrin dans une bouteille de beaujolais.

L'autobus part de Saint-Paul à six heures. A Nice ils pourront prendre le train de nuit pour Paris. Ils sont prêts. Quelqu'un les appelle:

—Messieurs! Tout est prêt. On n'attend plus que vous!

Les héros sortent de leurs chambres. D'abord, Monsieur Maurice, son béret bien enfoncé° sur la tête,

être bien mis et soigné, to be well-dressed and well-groomed

chagrin, tristesse, souffrance

enfoncé, pulled down

la bouche serrée et le regard vainqueur. Puis Anatole, le dos rond et traînant les pieds. A la porte de l'hôtel Monsieur Maurice s'arrête, surpris. Tout le village est là, les artistes, les artisans, les commerçants, les paysans, les estivants,° etc. ... Quand la foule aperçoit nos amis un cri monte dans le ciel bleu : *les estivants*, les touristes de l'été

—Vive la police! (ce qui n'arrive pas tous les jours en France!)

Il y a un petit orchestre qui joue un air gai. Monsieur Maeght, le propriétaire de la Fondation, fait un discours très bref et il fait cadeau d'un paquet à Monsieur Maurice.

—Pour vous remercier, dit-il.

—C'est moi qui vous remercie, répond Monsieur Maurice (Ça non plus, ça n'arrive pas tous les jours!).

Mais voilà un vieux paysan qui arrive. Il porte un sac plein. Il veut passer pour aller à la mairie, mais il y a trop de monde. C'est à la mairie qu'on déclare ce qu'on trouve et il vient de trouver un petit chien. C'est en revenant des champs, explique-t-il, qu'il a trouvé ce petit chien, épuisé, affamé et tirant la langue. Mais le maire est à côté de Monsieur Maeght et des deux policiers de Paris. Le vieux paysan s'approche.

—Monsieur le maire, j'ai trouvé un petit chien . . .

—Est-ce que je peux le voir? demande Anatole qui a entendu.

—Pourquoi? demande le paysan qui se méfie des étrangers.

Mais Monsieur Maurice, qui est pressé, tire Anatole par la manche :

—Viens! L'autobus nous attend; il va partir!

—J'ai perdu mon chien, explique Anatole au vieux paysan en bousculant Monsieur Maurice. C'est peut-être lui que vous avez trouvé.

—Peut-être; regardez.

Anatole ouvre le sac.

—Germain!

Oui, c'est lui, c'est bien lui qui dort au fond du sac. Quelle joie de se retrouver quand on s'aime! En une seconde on oublie tous ses malheurs. On est content, on est heureux, on a envie de chanter, de danser, de se rouler par terre, et on s'embrasse, on s'embrasse, on s'embrasse...

* * *

... Le voyage jusqu'à Nice s'est bien passé. Lorsque l'autocar a quitté le village, tout le monde a salué les deux policiers. Les gens criaient, les voitures klaxonnaient, et on voyait, par-ci, par-là dans la foule, un clochard au regard amusé.

Le train était à l'heure. Ce sont des choses qui arrivent. Installés dans leur compartiment, les deux hommes se sentent soudain fatigués: c'est un dur métier d'être vedette. Anatole demande à son chef, sans cesser de caresser Germain qui dort sur ses genoux:

—Qu'est-ce que Monsieur Maeght vous a donné?

—Je ne sais pas, je n'ai pas regardé.

—Eh bien, ouvrez-le!

Monsieur Maurice prend le paquet, déchire le papier.

—Une peinture! dit-il étonné, c'est une peinture.

—C'est très joli!

—Peuh!... Ça ne me plaît pas beaucoup. Si tu *le* veux, je te *le* donne.

—De qui est-ce?

—C'est écrit là, dans le coin... M.I.R.O.

—Miró! C'est un peintre célèbre!

—Ça m'est égal, je n'aime pas ça du tout. Tiens, prends-le!

—Quoi? Moi? Vous me donnez votre Miró?

—Mais oui, je le trouve horrible. Va me chercher une bouteille de bière...

Bientôt le train arrive à Marseille. Malgré le bruit, Monsieur Maurice est endormi, le béret sur les yeux. Anatole veut remuer un peu. Il descend sur le quai avec

Germain. Au bout du quai, le bar de la gare est tout éclairé.

—Allons-y! propose Anatole à Germain qui remue la queue.

Ils retournent au compartiment une minute avant le départ. Monsieur Maurice se réveille. Anatole fait une étrange grimace. Que se passe-t-il? Monsieur Maurice soulève son béret pour voir ce qui se passe. Oh non! Assis en face de lui, souriant de toutes ses dents,° il y a Marius Lagarde qui le regarde, prêt à raconter une bonne histoire! Anatole a un geste de fatalité et dit:

—Je l'ai rencontré au bar.

—Oui. C'est de la chance, hein? Je retourne à Paris. Ah! je sens que nous allons faire un bon voyage!

Monsieur Maurice remet son béret sur ses yeux furieux puis, avant de faire semblant de dormir il soupire:

—C'est pire que le métro!

souriant de toutes ses dents, grinning broadly

Répondez:

1. Qui est le coupable dont parle le gendarme?
2. M. Maurice est en mauvaise humeur comme d'habitude? Et Anatole?
3. Pourquoi faut-il être mis et soigné cet après-midi?
4. A la fin M. Maurice décide que le train est pire que le métro. Pourquoi?

VOCABULAIRE

A

abîmer, to ruin, spoil, damage
aboyer, to bark
à cause de, because
acceuillir, to welcome
accrocher, to hang, to hook onto
  s'—, to hang onto, cling to
accroupir (s'—), to squat, crouch
affaire f., case, business
affamé, starved
affreux, hideous, horrible
afin de, in order to, so that
agir, to act
  s'—de, to be a question of . . .
agiter, to put in motion, wave
agréable, pleasant, pleasing
aiguille f., needle
ailleurs, elsewhere
ainsi, thus, so
air m., look, expression or musical tune
aise, être à l'aise, to be at ease
ajouter, to add
aller, to go
  s'en—, to go away
allonger (s'—), to stretch out
allumer, to light, turn on
allure f., aspect, look
alors, then, at that time
ambiance f., environment, atmosphere
âme f., soul
amuser (s'—), to have a good time
annonce f., advertisement
antiquité f., work of art or object from ancient times
à peine, scarcely, hardly
apercevoir, to perceive, to understand
  s'—de, to notice, be aware of
appartenir, to belong to
appeler, to call
apporter, to bring
apprendre —à . . . verb, to learn to . . . ;
  —à quelqu'un à . . . verb to teach someone to . . .
appuyer (s'—sur), to lean, push on
à propos de, with regard to
aquarelle f., watercolor

argent m., money
arme f., weapon
arracher, to tear or pull away
arrêter, to stop or arrest
arrière m., back part, rear
  en—, behind
arriver, to arrive, happen
aspirateur m., vacuum cleaner
aspirer, to breathe (inhale)
assez, rather
  —de, enough
assister (—à), to attend
assoir (s'—), to sit down, **(pp. assis)**
assommer, to knock out
atelier m., studio, workshop
attente f., waiting
attirer, to draw toward (oneself), attract
attraper, to catch
auberge f., inn
aucun, none, no one, not any
aussitôt, immediately
  —que, as soon as
autant, as much, as many
  —que, as much as, as far as
autoriser, to allow, permit
autour de, around, about
avant m., front
  —que, before
aveugler, to blind
avion m., airplane
avis m., opinion
avoir besoin, to need
  —envie, to want
  —honte, to be ashamed
  —peur, to be afraid
  —raison, to be right
  —sommeil, to be sleepy

B

bâiller, to yawn
bain m., bath
baisser, to lower, hang down
balai m., broom
banc m., bench
bande f., gang
barbe f., beard

Vocabulaire 121

bas, low
bateau m., boat
bâtiment m., building
battre, to beat
   se—, to fight
bavarder, to chat, babble
bête f., animal, beast
   adj., stupid
bêtise f., silliness, stupidity
bien, well
   être—, to be comfortable, feel, look good
bientôt, soon
bijou m., jewel
blesser, to wound
boire, to drink
bois m., woods
boîte de nuit f., nightclub
bord m., edge, sill
boule f., ball
bousculer, to jostle
bout m., end
bouteille f., bottle
broussailles f., bushes
bruit m., noise
brûler, to burn
bureau m., office, desk
bruyant, noisy, loud

C

cacher, to hide
cadeau m., present
caillou m., pebble, small stone
caisse f., case, box
campagne f., country
car, for, because
caractère m., temperament
casser, to break
carrefour m., crossroads, intersection
cave f., cellar
célèbre, famous
cependant, however, meanwhile
cesser, to cease, stop
chaleur f., heat
chance f., luck
   avoir de la—, to be lucky
chaque, each
chasse f., hunt
chatouiller, to tickle
chauve, bald
chemin m., road, way
chercher, to look for, search for

cheval m., horse
chien m., dog
chiffon m., rag
chirurgien m., surgeon
chose f., thing
chuchoter, to whisper
cigale f., cicada (similar to cricket)
claquer, to bang shut
clé f., key
clochard m., vagabond
coeur m., heart
cogner, to bang or bump against
coin m., corner
col m., collar
collé, from **coller,** to glue
colère f., anger, fury;
   se mettre en—, to get angry
colline f., hill
commander, to order
comme, as, like
commerçant m., shopkeeper
complice m. or f., accomplice
comprendre, to understand
compter sur, to count on
concierge m. or f., door-keeper
conclure, to conclude
conduire, to drive
confiance f., confidence
confidence f., secret
connaître, to know (be familiar with)
conservateur m., curator
contraire (au—), on the contrary, on the other hand
contre, against
convaincre, to convince
copain m., buddy, good friend
corriger, to correct
côte f., coast, shore, upward slope
côté m., side;
   à—de, beside, near
coucher (se—), to go to bed
couler, to flow
couloir m., corridor
coup m., blow, knock
coupable, guilty
couper, to cut
cour f., court
courir, to run
course, (faire une—), to race
couteau m., knife
couvrir, to cover (**pp. couvert**)
craindre, to fear
creux m., hollow, dell

croire, to believe
croyable, credible, likely
croiser, to cross, run across (acquaintance)
cuire, to cook
cuisinier m., cook

D

d'abord, first
de, of, with;
  de plus en plus, more and more;
  de temps en temps, from time to time
  de toute façon, at any rate
  de travers, awry, askew
débarrasser se —, to get rid of
debout, standing
débrouiller (se —), to sort out, come out on top of a situation
déchirer, to tear (up)
dédain m., disdain
dedans, inside
défendre, to defend, forbid;
  défendu, forbidden
dégoûter, to disgust
dehors, outside
déjà, already
déjeuner, to lunch
délice f., delight, joy
délivrer, to save
démarrer, to start off
dépasser, to pass
déposer, to put, lay down
depuis, since, for, from, after
déranger, to bother, disturb
dernier, last
derrière m., rear;
  prep., behind
dès (que), since, from the moment of, as early as
désert, deserted
désespérer, to dispair, lose hope
désolé, disconsolate, very sorry
dessous, underneath, below
dessus, above
détente f., relaxation, easing of tension
détruire, to destroy
devant, before, in front of
devenir, to become;
  Que deviens-tu? What have you been up to?
devoir m., duty
digérer, to digest

dire, to say;
  Dis donc! Look here! Say now!
diriger, to direct;
  se —, to head for
discours m., speech
disparaître, to disappear, **(pp. disparu);**
  disparition f., disappearance
divertissement m., pastime, entertainment
doigt m., finger
dommage m., damage, hurt, loss
donc, therefore, consequently
doubler, to double, come along side of
doucement, gently, slowly
douceur f., sweetness, gentleness
douche f., shower
douleur f., pain, suffering
doux, gentle, sweet
dresser (se —), to straighten up
droit m., right, claim
  tout —, straight ahead
droite f., (à —), to the right
drôle, funny, amusing
dur, hard, demanding

E

écarter (s' —), to turn aside, make way
échapper (— à), to escape from
échelle f., ladder
éclair m., lightning
éclaircir, to clear up, explain
éclairer, to light, illuminate;
  s' —, to become enlightened
éclater, to burst, explode
écouter, to listen to
écraser, to crush, run over
  s' —, to get oneself run over, killed
écrier (s' —), to cry out, exclaim
effet m., effect
  en —, in reality, indeed
effrayer, to frighten
égal (ça m'est égal), I don't care
élever, to raise, lift up
éloigner (s' — de), to go away, withdraw;
  éloigné, distant
embêter, to annoy, bore;
  embêtant, boring, annoying
embrasser (s' —), to embrace, hug (each other)
emmener, to lead, take away
empêcher, to prevent
emplir, to fill

emporter, to take way
en, in, to, within;
   en face de, across from;
   en haut de, up above
encore, yet, still, again
endormir, to put to sleep;
   s'—, to fall asleep
énerver, to get on the nerves;
   s'—, to become nervous, irritable
enfer m., hell
enfermer, to shut in, lock up
enfuir (s'—), to run away
enlever, to lift, take off, carry away
ennui m., boredom;
   avoir des ennuis, to be worried, have troubles
ennuyer, to bore, annoy;
   ennuyeux, boring, tiring, vexing
enquête f., investigation
ensemble m., the whole;
   adj., together
ensuite, after, afterwards
entendre, to hear
enterrement m., burial, funeral
entourer, to surround
entraîner, to drag
environ, approximately, about
envoler (s'—), to fly away, disappear
envoyer, to send
épais, thick, dense
époque f., period, time, era
épuisé, exhausted
équipe f., team
escalier n., stairway
espérer, to hope;
   espoir m., hope
essayer, to try
essence f., gasoline
essuyer (s'—), to wipe off
étage m., story, floor in building
été m., summer
éteindre, to put out, turn off
étendre, to stretch out
étoile f., star
étonner, to astonish
étouffer, to suffocate, choke
étrange, strange
étranger m., stranger, foreigner
être, to be;
   —à l'heure, to be on time
   —en panne, to have a breakdown;
   —en train de, to be in the process of doing;
   —du pays, to be local, native to the area
étroit, narrow
étude, (faire des études), to study
éviter, to avoid
expliquer, to explain
exploser, to explode
exprimer, to express

F

fâcher, to anger, offend;
   se—, to get angry
facile, easy
faim f., hunger
faire, to do, make;
   —attention, watch out;
   —mal à, to hurt;
   —pareil, to do likewise, the same;
   —semblant, to pretend;
   —un tour, to take a stroll or little ride
fauteuil m., armchair
faux, false
fer m., iron (**fer forgé:** wrought iron)
fermer, to close
femme f., woman
fête f., party
feu m., fire
fier, proud
fois f., time, occasion
fonctionner, to work (function)
fond m., bottom
fondre, to melt
force f., strength, might
forcément, necessarily, inevitably
formidable, formidable, awful;
   c'est formidable! that's great, extraordinary!
fort, strong, strongly, skilful
fou m., fool;
   adj., crazy
foule f., crowd
four m., oven, kiln
frais, cool, fresh
freiner, to put on the brakes
froid, cold
frontière f., border
frotter, to rub
frisé from **friser,** to curl, frizz
frissonner, to shiver
fumée f., smoke
fusil m., gun, rifle

G

gagner, to win;
— **de l'argent**, to earn a living
galet m., pebble, shingle (on beach)
garder, to keep, keep watch over
gare f., train station, terminus
gâté from **gâter**, to spoil
gauche (à—), to the left
gémir, to moan, whimper
gêner, to irritate, obstruct, make difficult
genre m., kind, sort
gentil, kind, nice
gorgée f., gulp
goût m., taste
grâce à, thanks to
gratter, to scratch
gratis, free of charge
gratuit, free of charge
grave, serious
grimper, to climb
grogner, to growl, grumble
gros, fat, large, heavy

H

habiller (s'—), to dress, get dressed
habitude f., custom, habit;
comme d'—, as usual
haut, high, loud
haut-parleur m., loud-speaker
hauteur f., height, arrogance
herbe f., grass
hier, yesterday
histoire f., story, history
hors, outside of, save, out of
humeur f., mood
humour m., humor
hurler, to howl, yell

I

il faut, it is necessary
il y a, there is, there are;
— **longtemps que**, it's been a long time since
incendie m., fire
incroyable, unbelievable
inquiéter, to alarm, make uneasy
installer (s'—), to settle down into
interrupteur m., light switch

irréalisable, unworkable, incapable of being carried out
ivre, drunk

J

jeter, to throw, throw away
jeunesse f., youth
jumeau m., twin
jusque, up to, as far as, until
justement, just, as it happens

K

klaxonner, to honk a horn

L

là-bas, down there, over there
lâcher, to let go
laisser, to allow, let, leave
lancer, to fling, throw
large, broad
larme f., tear
lécher, to lick
lendemain m., next day
lentement, slowly
lieu (au—de), instead of
loge f., lodge, hut
loin, far
lointain, remote, distant
long m., length, duration
lorsque, when, at the moment of
lourd, heavy
lueur f., gleam, flash
lumière f., light
lunettes f., glasses
lutter, to struggle

M

maigre, thin, slender
maillot m., cotton sports top
maire m., mayor
mal m., evil, hurt, pain;
adv., wrong, badly
malchance f., bad luck
malgré, in spite of
malheur m., unhappiness, misfortune
malin, clever, sly
malle f., trunk
marche f., stair step
marcher, to walk

Vocabulaire 125

marin m., sailor
maudit, accursed, wretched
mauvais, bad, wretched
méchant, wicked, malicious
méfier (se—de), to mistrust, distrust
même, adj., same, self;
   adv., even, also
menace f., threat
mendiant m., beggar
mener, to guide, lead
mensonge m., lie, untruth
mentir, to lie, fib
méprisant, contemptuous, scornful
mer f., sea
merveilleux, marvellous, wonderful
métier m., profession, craft
mettre, to place, put, dress, put on;
   se—à, to begin to
meuble m., piece of furniture, furnishings
mieux m., better, best, best thing;
   adv., better
mignon, cute
milieu m., middle, environment
mince, slender, slight
moins m., minus (math);
   —de, less than
monde m., world, people,
   il y a du—, there's a lot of people
monter, v.i., to climb, go up
   v.t., to take up (baggage)
montre f., watch
montrer, to show
moquer (se—de), to make fun of
morceau m., morsel, bit
mort f., death;
   adj., dead (from mourir, to die)
mouiller, to dampen, get wet
moyen m., way, means, manner
muraille f., thick, high wall
musée m., museum

N

nager, to swim
ne . . . jamais, never;
   . . . pas, not;
   . . . personne, no one;
   . . . plus, no longer;
   . . . que, only;
   . . . rien, nothing
nettement, clearly, distinctly
n'importe —où, anywhere;
   —quoi, anything

niveau m., level
nouvelle f., news
nuage m., cloud
nu(e), naked

O

occuper (s'—de), to be busy
oeil m., eye (pl., yeux, eyes)
oeuvre f., work, act
ombre f., shadow
oser, to dare
ôter, to take off, remove
oublier, to forget
outil m., tool
ouvrir, to open (pp., ouvert);
   ouverture f., opening

P

paix f., peace
par, by, through;
   —ici, this way;
   —terre, on the ground, floor
paraître, to appear
pareil, like, same, alike
paresseux, lazy
parier, to bet
parfois, sometimes, now and then
parmi, among
parole f., word
partage m., sharing, dividing up
pas m., footstep
passage m., passage, passing through
passer, to pass, go over;
   —les vacances, to spend vacation
   se— to happen
patron m., boss
patte f., paw
pauvre, poor, wretched
paysage m., landscape, scenery
paysan m., peasant
pêcher, to fish;
   pêche f., fishing
peigner, to comb
peindre, to paint
peintre m., painter
peinture f., painting
pencher (se—), to bend over, stoop
pendant, during;
   —que, while
pendre, to hang
penser, to think

pente f., slope
perdre, to lose;
  perte f., loss
peu de, little, few
peur f., fear;
  faire—à, to frighten
pièce f., room
piège m., trap
pierre f., stone
pin m., pine tree
pire, worse, the worst
piscine f., swimming pool
piste f., track, trail, lead
placard m., cupboard, cabinet
place f., public (central) square
plage f., beach
plaisanter, to joke, jest
plein, full
pleurer, to cry
pleurnicher, to whimper, snivel
pluie f., rain
plusieurs, several, some
plutôt, rather
  —que, sooner
pneu m., tire
poil m., hair (animal)
poing m., fist
poignée f., handle
poitrine f., chest
poison m., poison
poisson m., fish
poli, polite
pompier m., fireman
pont m., bridge
portière f., sliding door on train compartment
poser, to put, place, set down;
  —une question, to ask a question
poste f., post office;
  —de radio m. radio set
potier m., potter
pour, for, in order to, towards
pourchasser, to pursue, chase
poursuivre, to pursue, go on with
pourtant, however, yet, nevertheless
pourvu que, provided that
pousser, v.t., to push, shove;
  v.i., to grow
poussière f., dust
pouvoir, to be able to
préfecture f., (—de police), police headquarters
prendre, to take

près, near
presque, almost
  *after negation: hardly, scarcely
pressé (être—), to be in a hurry
prévenir, to forewarn, inform in advance
privé, private
prochain, next
promener (se—), to take a walk
propre, clean, own
propriétaire m. or f., owner
protéger, to protect
puis, then, afterwards

Q

quai m., platform, wharf
quand même, even so, nevertheless
quelque, some, any, few;
  quelque chose, something;
  quelque part, somewhere;
  quelque temps, sometime;
  quelqu'un, someone
queue f., tail
quoi, what

R

raconter, to tell, relate
ralentir, to slow down
rallonger (se—), to stretch out
ramasser, to collect, gather
ramener, to bring back
ranger, to put in order, arrange
rappeler, to remind;
  se—de, to remember
rapporter, to bring back, to yield
raser, to shave
rattraper, to overtake, catch up with
ravi (être—), to be delighted
recevoir, to receive
rechercher, to search for, investigate
recommander, to charge, bid
récompense f., reward
reconnaître, to recognize
recueillir, to gather, get together
reculer, to draw or pull back
  *with auto, to reverse
redresser (se—), to straighten up
réfléchir, to think about, meditate
rejoindre, to rejoin, catch up with
remarquer, to remark, notice
remercier, to thank

remplir, to fill up
remuer, to move, stir
rencontrer, to meet
rendez-vous m., meeting, appointment;
  donner—, to agree to meet
rendre, to give back, give up;
  se—compte de, to realize significance of . . .
renifler, to snivel, hang back
renseigner, to inform
rentrer, to return
renverser, to turn upside down, tip over
repas m., meal
reposer (se—), to rest
reprendre, v.t., to retake, recover;
  v.i., to start up again
resoudre, to resolve, solve
ressembler (se—à), to resemble
reste m., remainder, remaining part
rester, to stay, remain
retard m., delay, slowness;
  être en—, to be late
retenir, to retain, hold back
retourner, to return;
  se—, to turn around
retrouver (se—), to meet again
réunir (se—), to get together
réveiller, to wake up
rêver, to dream
réverbère m., street lamp
rideau m., curtain, drape
rien, nothing;
  —que, nothing but
rire, to laugh, smile
rocher m., high steep rock, crag
ronfler, to snore
rosée f., dew
roue f., wheel
rougir, to blush
rouler, to roll, ride along
rugir, to roar, bellow

S

sable m., sand
sale, dirty
salon m., living room
sanglot m., sob
sans, without
sauf, except
sauter, to jump
sauver, to save
savoir, to know;
  —faire m., know-how

sec, dry
secouer, to shake;
  secousse f., shake, blow, shock
semaine f., week
sembler, to seem
sentir, to feel, smell
serrer, to squeeze, press tightly
serrure f., lock
seul, alone
seulement, only
si, conj., if
  *adv., (response to negative question) yes
siège m., seat
sinon, otherwise, or else
soif f., thirst
soin m., care, attention
sol m., earth
soleil m., sun
solennel, solemn
sombre, dark, gloomy
sommeil m., sleep, sleepiness
son m., sound
songer, to dream, muse
sonner, to ring
sorte f., kind
sortir, v.t., to take out;
  v.i., to leave, go out
sottise f., foolishness
soudain, sudden, suddenly
souffler, to blow, breathe
soulever, to lift, raise
soupçon m., suspicion
soupir m., sigh
sourd, deaf
sourire, to smile
souvenir (se—de), to remember
souvent, often
sueur f., sweat
suite f., the following
suivre, to follow
surtout, especially, above all
surveiller, to watch, keep an eye on
suspect, suspicious, under suspicion
sympathique, likeable, congenial

T

tableau m., picture, painting
tablier m., apron
taille f., height, size
tandis que, while, whereas

tant de, so much, so many;
   —**mieux,** so much the better;
   —**pis,** too bad, it doesn't matter;
   —**que,** as long as
tantôt . . . tantôt, sometimes . . . sometimes
taper, to hit, tap
tapis m., rug
tard, late
tellement, so, to such a point
tendre, to hold out, offer
tenir, to hold, seize
terminer, to bring to a close, conclude
têtu, stubborn
tiens!, well!, look here!
tirer, to draw, pull;
   —**la langue,** to have the tongue hanging out;
   tire-bouchon m., corkscrew
tiroir m., drawer
toit m., roof
tomber, to fall
tordre, to twist
toujours, always
tout m., turn, winding;
   f., tower
tournant m., curve
tournée f., round, circuit
tous les deux, both
tousser, to cough
tout, all;
   —**à fait,** completely, entirely;
   —**à l'heure,** *after present or future: in a few moments; *after past: a few moments ago;
   —**au long,** all along;
   —**de suite,** immediately;
   —**le monde,** everybody
traîner, to drag
travailler, to work
travers (à—), across
traverser, to cross
triste, sad
tromper (se—), to be mistaken;
   se—de, to mistake

trop (de), too much, too many
trottoir m., sidewalk
trou m., hole
trouver, to find
truc m., slang for thing, gadget, plan
tuer, to kill

U

usine f., factory
utile, useful

V

vaisselle (faire la—), to do the dishes
valise f., suitcase
valoir, to be worth
vedette m. or f., star
veilleur m., night-watchman
vendre, to sell
venir, to come;
   —**de . . . verb,** to have just . . .
vent m., wind
ventre m., stomach
vérité f., truth
verre m., glass
vers, towards
veste f., jacket
vêtu, from **vêtir,** to dress
vide, empty
vie f., life
vigne f., vine, vineyard
virage m., turning, turn, corner
vite, fast, quickly
vitesse f., speed
vivre, to live
voilier m., sailboat
voir, to see
voiture f., car
voix f., voice
voler, v.t., to steal;
   v.i., to fly
vouloir, to wish, want;
   —**dire,** to mean
vrai true

NTC FRENCH TEXTS AND MATERIAL

Computer Software
French Basic Vocabulary Builder
  on Computer

**Videocassette, Activity Book,
  and Instructor's Manual**
VidéoPasseport—Français

Conversation Books
Conversational French
A vous de parler
Tour du monde francophone Series
  Visages du Québec
  Images d'Haïti
  Promenade dans Paris
  Zigzags en France
Getting Started in French
Parlons français

Puzzle and Word Game Books
Easy French Crossword Puzzles
Easy French Word Games
Easy French Grammar Puzzles
Easy French Vocabulary Games

Humor in French and English
French à la cartoon

**Text/Audiocassette Learning
  Packages**
Just Listen 'n Learn French
Just Listen 'n Learn French Plus
Sans Frontières 1, 2, 3
Practice & Improve Your French
Practice & Improve Your French Plus
How to Pronounce French Correctly

High-Interest Readers
Suspense en Europe Series
  Mort à Paris
  Crime sur la Côte d'Azur
  Évasion en Suisse
  Aventure à Bordeaux
  Mystère à Amboise
Les Aventures canadiennes Series
  Poursuite à Québec
  Mystère à Toronto
  Danger dans les Rocheuses
Monsieur Maurice Mystery Series
  L'affaire du cadavre vivant
  L'affaire des tableaux volés
  L'affaire des trois coupables
  L'affaire québécoise
  L'affaire de la Comtesse enragée

Les Aventures de Pierre et de
  Bernard Series
  Le collier africain
  Le crâne volé
  Les contrebandiers
  Le trésor des pirates
  Le Grand Prix
  Les assassins du Nord

Graded Readers
Petits contes sympathiques
Contes sympathiques

Adventure Stories
Les aventures de Michel et de Julien
Le trident de Neptune
L'araignée
La vallée propre
La drôle d'équipe Series
  La drôle d'équipe
  Les pique-niqueurs
  L'invasion de la Normandie
  Joyeux Noël
Uncle Charles Series
  Allons à Paris!
  Allons en Bretagne!

Intermediate Workbooks
Écrivons mieux!
French Verb Drills

Print Media Reader
En direct de la France

Duplicating Masters
The French Newspaper
The Magazine in French
French Verbs and Vocabulary Bingo
  Games
French Grammar Puzzles
French Culture Puzzles
French Word Games for Beginners
French Crossword Puzzles
French Word Games

Transparencies
Everyday Situations in French

Reference Books
French Verbs and Essentials of Grammar
Nice 'n Easy French Grammar
Guide to French Idioms
Guide to Correspondence in French

Bilingual Dictionaries
NTC's New College French and
  English Dictionary
NTC's Dictionary of *Faux Amis*

For further information or a current catalog, write:
National Textbook Company
a division of *NTC Publishing Group*
4255 West Touhy Avenue
Lincolnwood, Illinois 60646-1975 U.S.A.